お金の整理学

外山滋比古
Toyama Shigehiko

JN231234

小学館新書

お金の整理学

目次

第三章●新しい「仕事」

第四章●実益を兼ねる「趣味」

第五章 株投資という選択肢

「失敗」があるから面白い
職探しのセレンディピティ
仲間を増やす「乗数効果」
第二の人生の「テーマ」を探す
新時代のルック・イースト
チョコレー党から出馬？

投資は「下品」か「知的」か
『週刊ポスト』に反発した人たち
上がったり下がったりの株価
頭を使う仕事
大切な「配当」
株を買うのも「社会貢献」
「つぼみ」が咲くのを待つ

第一章

もっと「お金」の話を

日本人は「アリ」でなくて「キリギリス」だった

日本人は、「お金」について語ることを好まない。

お金のことをいうのは卑《いや》しい——これは、大名に仕える侍の時代から続く偏見だ。

なぜ日本人にはかくも深い思い込みがあるのか。それは、侍たちが俸給制の役人、ようするにサラリーマンだったからではないか。

役人やサラリーマンはたいてい、お金については口をつぐむ。俸給制なので頑張って働いても大きな金儲けができるわけではないし、逆にそれほど働かなくても、毎月決まった給料が振り込まれる。

実入りが変わらないのだから、結局、お金の話をしても面白くない。腹の底ではお金のことを気にしているのに、口には出さず、お金のことをいうのは「品がない」という空気が醸成されてしまう。

だからこそ、はっきりといいたい――お金は大事だ。

とりわけ長い老後を送るにあたって、もっとも大切なものはお金だといっていい。「お金の話」をすることも大切である。


昭和三十年代の終わり頃だったと思う。ちょうど高度経済成長期にさしかかる時代に、日本人を指して〈エコノミック・アニマル〉という呼び名が生まれた。

欧米の白人からそんなふうに呼ばれて、当時の日本人は大きなショックを受けたわけだが、揶揄《やゆ》されたことが恥ずかしかったのか、その指摘の本質について誰も真剣に考えようとしなかった。政府も、一般の市井《しせい》の人々も、当時たくさんいた進歩的文化人と呼ばれた学者たちも、こぞって指摘を無視してしまった。

しかし本来、私たちはこの時に「本当に日本人は〈エコノミック・アニマル〉なのか？」ということを自問するべきだったのだ。なぜなら、これは日本人が抱える問題の本質を鋭く突いた指摘だったからだ。

お金のことを真剣に、最優先に考えている人たちのことを〈エコノミック・アニマル〉

というのであれば、実はほとんどの日本人はそれに当たらない。

働く人の半分以上が俸給制のサラリーマンになっている社会では、〈エコノミック・アニマル〉になることは難しい。

というのもサラリーマンの働き方には、ちょっと面倒なところがある。

会社から振り込まれる毎月の給料は横並びで、税金は天引き。

本来、所得税や住民税を払うのは、国民としての義務だ。しかし、自分がいくら税金を納めているのかさえ、よくわかっていない人が多いから、働くことが社会のためになっているという意識も薄くなっている。仕事は会社から与えられるものだから、面白みも感じづらい。

もちろん、勤めている間は呑気《のんき》な生き方が可能である。その一方でたいした自由もなければ、働く喜びも限定的だが、周りに同じような働き方をしている人間がたくさんいるから、それで大丈夫だと思ってしまう。

結果、個人として働くことを面白がり、自分で考えて工夫を凝らしたことへの対価としてお金を受け取るという感覚がなくなっていく。

昔はまだ、給料日になれば現金の入った給料袋が渡されていたから、働く対価として、どのくらいのお金が受け取れるのかを実感する機会があったが、銀行振込になってからは、それすら失われた。数字が並んだだけの明細を見ても、「お金」への実感はわいてこない。

毎月の俸給で当面の生活はなんとかなるから、適当に消費をして、老い先のことまで考えない人が多かった。『アリとキリギリス』の寓話《ぐうわ》でいうと〈キリギリス〉ばかりになってしまっていたのだ。高学歴で、名の知れた企業や官公庁に勤めている人ほど、自分がエスカレーターに乗っているという自覚が薄くなりがちで、降りた後のことを考えようとしない。

とりわけ問題なのは、日本のサラリーマンの多くが、自分たちのことをむしろ〈アリ〉だと思って生きてきたことだろう。冬を乗り越えるためにコツコツと働く〈アリ〉がたくさんいる社会だから、欧米から〈エコノミック・アニマル〉と呼ばれるのだと勘違いしていたのだ。

私は、それが大きな誤解だと考えている。むしろ日本人の多くは、「定年後」という冬の時代の厳しさを真面目に考えず、なんとなく働き続ける〈キリギリス〉になってしまっていたのではないだろうか。

定年後「すぐに死ねない」という大問題

もちろん、サラリーマンなら定年退職までは俸給が出る。

だから、定年を迎え、毎日の仕事から解放されてすぐに死ぬというなら、これも結構。

しかし、退職した後もまだまだ死なないとなると、これは大問題である。実際、やすやすとは死なせてもらえない時代になってきている。

定年が六十五歳まで延びたといっても、現在の日本人の平均寿命は男性が八十一歳、女性が八十七歳である。しかも、寿命はどんどん延びていて「人生百年時代」がやってくるという。

長寿はいいことだと思っている人が多いかもしれないが、長く生きればそのぶん嫌なことや悩みも増える。

最たるものの一つが、お金の問題だろう。

サラリーマンがいくらかまとまった額の退職金がもらえるとはいってても、インフレーションが進み、物価は上がっていく。定年退職で俸給という稼ぎを失った状況で、二十年も三十年も暮らしていけるのか。

海外から〈エコノミック・アニマル〉という皮肉を投げかけられたとき、私たちが真剣に考えなければならなかったのは、その点だった。自分の手にするお金にこだわりの少ない俸給生活者たちが、本当に〈アリ〉型の人間なのか。実は、老後の備えを疎《おろそ》かにする〈キリギリス〉型の人間ばかりになっていないか、ということを一人ひとりが考えてみるべきだったのだ。

真剣に考えれば、会社を勤め上げるだけで、あとは悠々自適の老後が送れるというのが幻想だと気が付くはずである。

そういった思考を巡らせる人がいなかったことで、日本のサラリーマン社会は俸給生活者としての覚悟の足りない人ばかりになってしまったように思う。

この数十年で大学を出る人は急激に増えたが、学校教育でもそうしたリスクは教えてくれないし、自ら進んで考える人もほとんどいなかった。結果として、老後の安定した暮らしには欠かせない「お金」について、表立って話題にすることが敬遠される状態が長く続いてしまった。

気が付けば、事態はかなり深刻だ。「お金の話をするのは恥ずかしい」などといっている場合ではない。

手厚すぎないか社会保障

医療や介護、年金など、社会保障費の問題が深刻になっている。

莫大な額のお金が必要となる社会保障制度を維持するために、国は税収だけでは賄《まかな》いきれず、赤字国債まで発行してしまった。

いまや日本の国債の発行残高は一千兆円規模で、先進諸国では最悪の数字だ。ヨーロッパでは、ギリシャが財政破綻《ざいせいはたん》寸前になり、一番貧しくて経済的に失敗した国家だといわれているが、日本の財政赤字はギリシャよりも悪い。

それなのに日本人は、自分たちの国が世界でもっとも〈非経済的な社会〉であることを意識できていない。

日本の社会保障制度は、アメリカなどとは比較にならないぐらい手厚く、充実している。

にもかかわらず、政治家は選挙のたびに「もっと社会保障を充実させます」などと安請け合いばかり。

しかし実際には、国としての借金を膨らませながら制度を維持しているのだ。いつまで続けられるのかを本気で考える人は、どのくらいいるのだろうか。

財政赤字のことを心配せずに、消費税が二パーセント上がるという話には大騒ぎする。そんな調子だから、政治家は社会保障の拡充から大学無償化まで、予算を使うことにばかり一生懸命になっている。政府は、財政健全化という目標を二〇二〇年までに達成するといっていたのに、平気で五年も先送りにしてしまった。


その上、日本人の寿命はまだまだ延びる。

六十五歳以上の人口は、毎年およそ五十万人ずつ増えている。働いて税金を納める人はどんどん減って、医療費や介護費、年金のかかる人の割合が増え続けるのだ。

このままいったら、消費税を二%上げたところで、焼け石に水である。健康保険にしても、七十五歳以上の自己負担が一割から二割に上がるのは、遠い話ではない。

年金も同様だ。退職後、十年くらいで死んでいくのが普通だった時代なら、収入のない人たちの暮らしを支えられた。それが、仕事を辞めてから三十年も四十年も生活を保障していくとなると、制度自体の存続が危うくなる。これまでと同じような水準で年金を支給するのが難しいという話になっているが、成り行きとしてはしょうがないことだろう。

サラリーマン時代の貯金と退職金、そして定年後の年金や手厚い社会保障があるから、「死ぬまでお金の心配はしなくていい」という時代は終わりにすべきではないか。

社会保障に養われるばかりの人がこれ以上増えたら、国の財政がたちゆかなくなるのは明らかだ。そこから目を逸《そ》らしてはいけない。

第二の人生の「生きがい」

稼ぎを失った定年後の人たちには、社会保障に頼り切りになるという「経済的」な問題に加えて、やることがなくなって人生に面白みが感じられなくなってしまう「精神的」な問題も生まれる。

仕事をせずに、毎日ぼんやりしてばかりだと、気力も体力も衰える。

社会との接点を失って、養ってもらってばかりの人生ではつまらない。生活の糧《かて》は貯金の切り崩しと二か月に一度振り込まれる年金で、面白くない毎日を過ごすことになる。病気がちになり老化も進み、老人ホームに入って死ぬのを待つだけの暮らしになる。医療や介護にお金がかかり、社会のお荷物のようになるから、周囲からもますます冷たくされていく。

ここは一つ、知恵をしぼって考えるべきだと思う。

どうすれば、定年後の第二の人生は面白くなるのか。「生きがい」を探すのである。サラリーマン時代とは違う仕事をするのもいいし、楽しめる趣味で少しでも収入を得られないか考えてもいい。

ずいぶん前のことだが、『思考の整理学』という本で、常に受け身で誰かに引っ張ってもらう〈グライダー〉型の人間ではなく、思考力というエンジンを備え、自力で飛ぶことのできる〈飛行機〉型の人間になるべきだと書いた。

サラリーマンは、会社から仕事を与えられるという意味では、どうしても〈グライダー〉型になりがちだ。

定年退職までは会社に引っ張ってもらえるから、それでもなんとか生きていられるかもしれないが、定年後はそうはいかない。自分の頭で考える〈飛行機〉型にならなくてはいけない。

いま必要なのは、定年後のお金の備えを社会保障に期待することではなく、一人ひとりが主体的に老後の人生設計に取り組むことではないか。

定年後のことを考えるといっても、「将来、年金が減らされるかもしれない」という不安から、節約して貯金を増やそうとするのは違っていると思う。ある程度の蓄《たくわ》えは必要かもしれないが、それではサラリーマン時代の惰性《だせい》で老後を過ごそうとしていることに変わりはない。結局は、貯金と年金で老後を乗りきろうという考え方である。

そういう人生は面白くない。

深刻な話のように聞こえるかもしれないが、暗くならなくてもいい。

一人ひとりが生き方、考え方を変えれば、現実は大きく変わるのである。いま、高齢者は社会にとってマイナスの存在だと思われている。どうすればそれをプラスに変えられるのか、考えるのだ。

人生の後半戦を面白く充実したものにする——決して簡単ではないが、知的で刺激的な思考だと思う。真剣に工夫すれば、前半戦と同じくらい、あるいは前半戦以上に充実したものにすることだって可能になる。

発想を変えて、経済的にも、精神的にも自立した老後を目指すのである。

生きがいを持って、主体的に考えて行動する〈飛行機〉型の高齢者を増やす。世界中の先進国が、多かれ少なかれ高齢化には悩まされているが、そんな社会を実現した国は存在しない。だからこそ、いま、日本で挑戦する意味がある。

定年後の第二の人生は、現役時代の「ふろく」ではないのである。

「貯金」はそんなに大切か

節約を重ねて、貯金と年金で定年後を乗りきろうとしても、現実はなかなか難しい。問題となるのがインフレだ。

日本ではここしばらくデフレの風が吹いているが、ひとたびインフレになれば、物の値段が上がったぶん、貯め込んでいる現金の価値は下がる。年金にしても同様だ。物価が上がるのと同じペースで、政府が年金を増やしてくれるということはあり得ない。

戦後の日本では長く、インフレが続いた。普通なら、物価が上がるなかでどうすれば財産を増やせるか、多くの人が考えていてよさそうなものだが、現実は違う。長期的な視点に立った資産形成の知恵が蓄積されているとはいえない。

そのことは、インフレと非常に相性の悪い「生命保険」が広く普及していることからも、よくわかる。

生命保険の加入者は、先に保険料を払い込む。契約期間中に不幸があれば、払い込み分より多くの保険金が支払われるし、満期までいけば、契約時に約束された返戻金が入る。一見、リスクが少ない仕組みに見えるが、ここにはインフレの視点が欠けている。保険金を受け取るまでの間にインフレが進んでいると、受け取るお金は当初期待していたほどの価値には到底、届かなくなる。

日本人は生命保険をありがたがる傾向が強くて、加入率は世界有数の高さを誇る。たしかに平均寿命が六十歳や七十歳だった時代を考えれば、生命保険も残された者の備えとして機能していた部分があるかもしれない。実際、思いがけず早く亡くなってしまった人の家族が保険金で助かった、という話を聞くこともある。

ただ、いまの時代に長い期間をかけての貯蓄が、老後の備えとして機能するかというと、はなはだ疑問である。

だいたい、自分で汗水たらして働いたお金を預けるのに、自分が死んだあとにしかお金が戻らないという形式自体が、どうも人間的ではないように思えてしまう。だから、いまよりもっと生命保険に人気のあった時代に、どれだけしつこく勧められても、断固として加入しなかった。

では、生命保険に払い込むのではなく、自由に引き出せる銀行預金はどうだろうか。

かつての例でいえば、郵便局の「定額貯金」は利息がよかった。

半年程度の最低預け入れ期間が過ぎれば、いつでも引き出せる預金形式で、七%ぐらいの利子がついた時代もあった。これなら貯金にも意味がある。年利七%なら、十年放っておけば、およそ二倍になる。百万円を預金しておくだけで、十年後には二百万円になった。

残念なことに、今は状況が違う。日本銀行は政策としてマイナス金利を採用し、銀行の金利はかぎりなくゼロに近い。どこに預けても利子はほとんどつかないし、逆に引き出しや振り込みで手数料がかかるケースもある。銀行預金は、お金を増やすための手段ではなくなってしまった。

その結果、市場で活用されるはずのお金の行き場がなくなり、自分の家のタンスや金庫に現金を仕舞い込んでいる。タンス預金の総額は四十兆円以上だとする試算もあるというから驚きだ。

多くの生命保険商品や銀行預金には「元本保証」という特徴がある。インフレのリスクを除けば、損をすることがないわけである。日本では、この元本保証を好む傾向がとにかく強い。

リスクを取らずに貯めるのが一番という考え方は、堅実に見えるかもしれないが、寿命が延びると結局、お金は足りなくなるし、貯めたものを取り崩していくだけの老後に面白みはない。退屈な方法をことさらにありがたがるのは、たいへん不見識で不幸なことに思われる。

「オレオレ詐欺」がなくならない

金利の低下やタンス預金の増加といった問題の間隙《かんげき》をついて現れた犯罪が、オレオレ詐欺である。

使い道のないお金の存在に目をつけた悪い奴らが、息子や娘、孫のふりをして電話をかけてくる。

「会社のカネを使い込んでしまった」

「いままで隠していたけど、実は多額の借金があって……」

そんな理由をでっち上げ、高齢者から虎の子の財産を巻き上げる。動転しているからか、歳をとって耳が遠くなったからか、相手の声がいつものわが子や孫と違っているような気がしても、詐欺だとは気がつかない。

強盗のように暴力で脅したり、傷つけたりはしない。相手に指一本触れることなく、被害者が進んでお金を差し出すように仕向けるのである。

時折、新聞やテレビで報じられる手口をみるにつけ、これほど巧妙なら、警察や銀行が警戒を呼び掛けるだけでは防ぎようがないと感じられる。

実際、もう十五年くらい似たような手口の犯罪が続いている。当局は呼び方を「振り込め詐欺」「なりすまし詐欺」などに変えたりしながら注意喚起しているが、あまり有効ではないようだ。被害件数は一向に減らない。

しかも、スリや泥棒などと比べて桁違いに大きな金額が騙し取られている。一件あたりの被害額も増えていて、最近では一回で何千万円もの被害が出たこともあったという。年間の被害総額は実に数百億円の規模になるという。

このオレオレ詐欺で興味深いのは、東京近郊の被害件数が際立って多いことだ。近畿や九州地方では比較的、被害が少ない。

つまり、田舎でのんびりと暮らしていたおじいさんやおばあさんではなく、都会でサラリーマン生活を送り、定年まで勤め上げて貯金のある人が狙われているようなのだ。高等教育を受けてある程度の経済常識がある人や、何十年も勤めた経験を持つ人たちが、この手口に騙されている現実がある。

もちろん、詐欺をはたらく犯罪者たちが悪いのはいうまでもないが、やはり善人に比べて悪者のほうが、知恵ははたらく。高齢者が狙われるのは、単に耳が遠いからという理由だけではないだろう。

日本の俸給生活者たちはコツコツとお金を貯め込んでいるが、タンスにしまっておくらいだから、その使い道は明確ではない。無駄遣いはできるだけ避けて、なんとなく、子供たちに少しでも多く財産を遺《のこ》してやりたいと考えている。そこで子供や孫の窮地《きゅうち》を装った電話がかかってくると、「ようやく使い道ができた」と勘違いしてしまう。しかも、退屈な日々を送っていれば、なおのこと突然の〝ドラマ〟に騙されやすくなる。

日本人の個人金融資産は約一千八百兆円で、そのうち一千兆円が現預金だという統計数字もある。その大半を保有するのが高齢者だろう。使い道のない大金があることをわかった上で手の込んだ芝居を打ち、相手に自らお金を振り込ませる。オレオレ詐欺は大変に憎らしいが頭脳的な犯罪といえるのではないか。

詐欺は犯罪で、騙した側が裁きを受けるべきなのは当然だ。

しかし、皆がお金の使い道をもっと真剣に考えていて、タンス預金や銀行預金ばかりの人が少ない世の中だったら、あるいは定年後に充実した毎日を過ごしている人が多かったら、ここまでオレオレ詐欺の被害が広がることもなかったように思えてならない。

高齢者はこれからどんどん増える。このあたりで、私たちは老後とお金について、真剣に考え直す必要があるのではないか。オレオレ詐欺のニュースを見るたびに、そんなことを考える。

「わが子への相続」はいけない

節約などで蓄えた資産を「子供にあげよう」「孫に贈ろう」といって相続や贈与に熱心な人の話をよく聞くが、あまり感心しない。

昔のように、もらう側がありがたがってくれるなら、それも悪くはないかもしれないが、実際には、あげる側が考えるほどの反応が返ってこないのが実状ではなかろうか。それで「なんだか、つまらないなあ」と思っているからこそ、「実は困っているんだ……」という嘘の電話を掛けてくるオレオレ詐欺に、あっさりと騙されてしまう。オレオレ詐欺というのはやはり、日本社会の歪《ゆが》みを映した象徴的な犯罪のように思われる。

そもそも、子供世代への相続自体、やらないほうがいいと思っている。

自分の人生は最後まで自分の稼いだ金で賄い、死ぬときに残ったお金は寄付してしまえばいいのだ。

親も子も、自立した個人なのだから、それで何の問題もない。

私自身、子孫に財産を残そうとは考えない。人生の決算は、その人一代限りでやるべきであろう。子や孫に借金を残すのはもちろんマズいが、財産を残すこともあまりホメられることではないと思っている。

財産を相続できると期待すると、子供がダメになってしまいかねない。私はいわゆる二世、三世の政治家や経営者をあまり信用しない。最悪の例としてまず頭に浮かぶのは、北朝鮮の独裁者一家である。あそこまで酷《ひど》くないにせよ、二世、三世のなかには似たような傲慢《ごうまん》さや甘さを持っている者が少なくない。

もともとは彼らだって、真っ当に生きられる資質を持っていたはずである。もう少し普通に、自分の努力で人生を築き上げていこうとしていれば、もっと立派な人間になれたのだと思う。なまじ親が財産や権力を残したがために、しかるべき努力を放棄してしまったのである。

なかには、せっかく親の残した財産を守ることさえできず、次代に引き渡す前に食いつぶしてしまう者もいる。〈売り家と唐様で書く三代目〉は、まさに真実をついたことわざである。知識や教養はあっても、生活のための努力をしないから、いくら初代が頑張って築き上げた資産が大きくても、三代目で手放すことになってしまうのだ。現代の日本人はいま一度、このことわざをかみしめなくてはならないようだ。

私は、日本の自動車業界の歴代の経営者のなかで、ホンダの創業者である本田宗一郎が飛びぬけて優れていたと思う。

とりわけ評価できるのは、本田は経営が「世襲《せしゅう》」となることの危険性を認識し、自分で作った会社を息子に継がせなかった点だ。逆に、だからこそホンダは今でも〈本田宗一郎イズム〉を持ち続けていられるのかもしれない。

児孫のために美田を買わず

本田宗一郎のような経営者は、戦後の日本にはほとんどいなかった。とにかく会社を大きくしたい一心で、昔からの大事な役員を放逐したり、よそから連れてきたり。中内功にしても、「世襲」さえ考えなければ、ダイエーは瓦解《がかい》しなかったに違いない。

立派な経営者は、もしかすると戦前の方が多かったのかもしれない。私がとくに敬意を持っているのは、三井財閥で大番頭といわれた池田成彬だ。池田はあるとき、息子たちを呼んで「おまえたちは何をやってもいいが、実業家になろうとは思うな」といった。続けて、「実業家になれば、親の七光だといわれるだろう。自分の力でやるに限る」といったという。

それで発奮した息子のひとりが、池田潔である。

旧制麻布中学を卒業後に渡英してケンブリッジ大学とドイツのハイデルベルク大学を出て、文学研究者になった。

のちに、池田潔は『自由と規律――イギリスの学校生活』という名著を出して世に知られるわけだが、この活躍は元をたどれば、父親の池田成彬が、自分の後釜として三井財閥系の会社に入ることを禁じたところから始まっている。

経営者の世襲と同様に、一般の人で親が子供のために家を買ったり、結婚式の費用を出したりすることにも感心しない。そうした贈与に対して、国はずいぶんと優遇策を設けているようだが、感心できない。

若い世代が、相続や贈与を期待するようになると、既得権益《きとくけんえき》の上にあぐらをかいて真面目に働かなくなる。何より問題なのは、若いうちに難局に直面することがなくなるから、失敗してもくじけない心が育ちづらくなることだ。

やはり、自分の財産を子孫に相続させるくらいなら、死ぬときに寄付したほうが社会のためになる。

ただし難しいのは、財産を寄付する先が、日本ではなかなか見つからないことである。しっかりと情報公開をしながら、受け取った寄付を社会に還元していく真っ当な組織に、自分の稼いだお金を贈りたいと考えているのだが、見当たらない。

寄付する先を探していると、アメリカには多くの受け皿があることに気づかされる。かの国には多くの悪がはびこっているのも事実らしいが、同時に、フォード財団やカーネギー、ロックフェラーなど社会公共のために活動する立派な財団がいくつもあって、文化事業への助成をしたりしているのだ。

日本企業は目先の金儲けには熱心だが、社会的事業にはあまり力を注がない。寄付する先として評価できる組織というと、本田宗一郎・弁二郎兄弟が創った本田財団など、片手で数えるほどしかない。

寄付先の問題はあるにせよ、子孫にお金を残すことが美徳と考えるのは、もうやめたほうがいい。

西郷隆盛は、「児孫のために美田を買わず」という言葉を残した。私は西郷という人をそれほど高くは評価しないが、一度は維新政府の要職に就いた政治家でありながら、子供に財産を残そうとしなかった点では、たいへん優れた人物だったと思う。人間誰しも一代限りの覚悟で生きるべきだ。

第二章

「長い人生」面白く生きる

リスクを取りたがらない人たち

定年後に備える手法として、節約と貯金を好む人が多い。逆にいえば少しでもギャンブル性のあるものには手を出したがらないということだ。

安倍晋三首相の掲げているアベノミクスにしても、狙いの一つは株価を上げることのはずだが、安倍首相から「お年寄りも積極的に投資をやろう」などという掛け声は出たりはしない。

個人が自らの判断でギャンブル性のあるものに手を出し、お金を貯めることに批判的な空気が強い。だから、政治家もそういう話をすると人気に響くと思っているのだろう。歴代の総理大臣のなかで株の話に熱心だったらしいのは、地方の農家を訪れた際に、野菜のカブを持ち上げながら「株、上がれ〜」といったという小渕恵三元首相くらいだ。

「しっかりした人間は投資なんかに手を出すべきじゃない」

「金儲けに強い関心を持つのは下品である」

そんな〝常識〟がある。せっせと働いて、コツコツと貯めていくのが美徳だと考えられてきたのである。


背景には、不動産や株の価格が急激に上昇したバブルの時代に、よくもわからず、株を買い、痛い目をみた人が多いこともあるだろう。

たとえば、一九八七年のNTTの株式公開だ。

一一九万七千円の売り出し価格に対して、一六〇万円の初値がついた。さらに約二か月後には三一八万円にまで高騰した。約三倍近くも値上がりした。儲けた人もいたが、私の知る周囲では値が動き始めたかなり早い段階で売った人も少なくなかった。

とくに自分の意思で買ったのではなく、証券会社などに勧められて手を出した人が早々に手放し、さらなる値上がりを見て、切歯扼腕《せっしやくわん》していた光景を思い出す。

それでも、バブル的に上がったNTT株がほどなく暴落するとも知らずに、高値掴みしてしまった人よりはマシだろう。

相場の世界には「半値、八掛け、二割引き」という格言があって、天井（一〇〇）をつけた後に下落局面に入った株は、まず半値（五〇）まで落ち、さらに八掛け（四〇）になり、そこから二割引き（三十二）の株価になったところで底をつけるといわれている。要は天井をつけた値段の三割二分くらいが底になるのが通例なのだが、NTT株はそれよりも大きく下がった。結局、一時は最高値の五分の一くらいまで下がってしまったのである。

電話は将来性があるから「これは絶対、買いだ」と、ピークを過ぎた後のNTT株を購入した人たちの中には、初めて株に投資する主婦も多く含まれていた。「素人があんなものをやるべきじゃない」と、いまでも株投資を警戒する人が少なくない。

NTT株以外にも、それまで株投資をやっていなかった人が始めるきっかけになったバブル期の有名株は、たいていが激しい値動きとなった。

新日鐵株などは、バブル期に一千円近い値をつけたこともあったが、その後は一時、百三十円台まで低迷してしまった。こうした銘柄で損をした人たちは、「やっぱり株は危ない」と思い込むのだ。

結果として、銀行預金やタンス預金のような元本保証が、より一層ありがたがられる世の中になった。

しかし、節約と貯金に熱心になり、財産に余裕があれば子供に相続させるという考え方では、世の中にお金は回らない。家族のことばかり優先する個人主義的な思考である。それでいて、困ると社会保障に寄りかかろうというのでは、矛盾している。

人生を退屈にする「知識」

いまの日本社会の大きな問題点の一つは、大多数の人が〈知識〉に縛られ、その結果、退屈な日々を送っているところにある。

知識がブレーキをかけて、失敗を伴うリスクがあるものを極端に避けたがる。

「お金については、貯金がいちばん堅実だ」

「自分で考えて会社を興《おこ》したりするよりも、会社に養ってもらえるサラリーマンのほうが安泰だ」

そうした考え方が蔓延《まんえん》して生活に張りがなくなり、国全体が文化的に貧しくなっているように思われる。とりわけ定年退職後の高齢者は、貯金を取り崩すほかに選択肢がなくなってしまう。

退屈な社会はリスクの高い社会だ。

暴発する人間が出てくるかもしれないし、やることがなければ悪い老化はどんどん進む。人生を面白くするためには、知識偏重でリスクを過度に恐れる考え方を改める必要があるのではないか。

「知識は力なり」といったのはイギリスの哲学者、フランシス・ベーコン（一五六一～一六二六年）だった。

日本でいえば、徳川家康（一五四二～一六一六年）と同じぐらいの時代に生きたベーコンの言葉は世界中の人々に影響を与え、近代科学の精神を体現した最初の思想家ともいわれている。ベーコンの考えに基づいて、当時の自然科学の研究者たちはいくつかの画期的な発見もしたが、社会で広く理解された意味としては〈知識＝すでにある情報を覚えること〉が重要だという程度のものになってしまった。

ベーコンのあとに、フランスの哲学者・数学者パスカル（一六二三～一六六二年）が、かの有名な「人間は、考える葦《あし》である」という言葉を残した。知識よりも〈考える力〉のほうが大事だという話で、これも後世に大きな影響を与えた。

「知識は力なり」
「人間は考える葦である」

どちらの言葉も真理を突いているのだが、〈知識〉と〈思考〉を両立しようとすると、なかなかうまくいかない。

とくに日本では〈知識〉ばかりが優先されて、〈思考〉が軽んじられる時代が長く続いた。明治時代に入り、形の上では欧米の教育制度を参考にして、日本でも初等教育が整備されたが、その内容は〈知識〉を教え込むことが中心だった。何も知らない子供たちには、まず知識を与えることが重要という考え方である。

ここに大きな間違いが潜んでいる。

本来であれば、知識を詰め込んだら次の段階として、思考力を育てるプロセスが始まるはずだが、そうはならなかった。中等教育以降も知識が最重要視され、考える力を養う場は生まれなかった。

実はこれは当然の成り行きである。知識には思考を妨げるという弊害《へいがい》があるのだ。知識とはいわば、「他人がすでに考えた結果」であり、それを蓄えるほどに、自分では考えなくなる。逆に、知識がない人ほど自分で考えるしかなくなる。


たとえば、シャープ創業者の早川徳次の経歴を見ると、学校で知識を詰め込まなかったことで、独創性を発揮できた人物であることがわかる。

幼い頃に養子に出された早川は、小学校をわずか二年でやめさせられ、朝から晩まで内職でマッチ箱のラベル貼りをしなくてはならなくなった。その後、八歳で金属加工業者へ奉公に出され、十八歳のときに独立・起業を果たす。

初等教育も満足に受けられなかった早川は、知識で思考を肩代わりするのではなく、はじめから自分の頭で考えた。開業後は次々と発明品を生み出し、そこで生まれたのがシャープペンシルだった。

当時、早川式繰出鉛筆と名付けられたこの商品は、国内ではなかなか売れなかったが、第一次世界大戦によるヨーロッパでの品薄がきっかけで大量注文が舞い込み、欧米の市場で引っ張りだこになった。

もし早川が学校で高等教育を受けていたなら、どうなっただろうか。シャープペンシルを販売する企業くらいはつくれたかもしれないが、発明はできなかっただろう。知識偏重の教育に足をすくわれなかったからこそ、早川は独創的で面白い人生を歩めたのである。

ホンダの本田宗一郎も、小学校を卒業後、東京・本郷湯島のアート商会の丁稚小僧になった経歴の持ち主で、高等教育を受けたわけではない。

日本を代表する成果を残した技術者・経営者の生き様を見ても、知識は必ずしも〈力〉ではないということがよくわかる。

この数十年で高学歴化は一気に進んだが、それと反比例するようにして行動力は下がっているのではないか。若い人を見ていて、そう感じることがよくある。イマジネーションが足りないと、仕事をするにも作業効率が悪くなる。いちいち過去の知識、前例を参照しようとするからだ。

知識が思考の邪魔をする。これはやはり真実である。

定年後の人生を面白くするためにも、知識に縛られない思考が大切になるのだと思う。

リスク回避ばかり考えていては、結局は貯金と年金を頼りにするしかなく、退屈で社会の重荷になる老後が待っているだけだ。

思考力を試すテスト

筑波大学が、まだ東京教育大学という名称だった頃の話だ。

付属小学校の入学試験は全国でも指折りの難しさだといわれていた。競争率が十倍、二十倍は当たり前だったため、各地の塾では試験対策が練られ、学校側も塾の予想を裏切る試験問題作りに熱心に取り組んだ。

その結果、入学希望者たちの知識ではなく、自ら思考する力を問う、素晴らしい設問が生まれた。

ある年、緊張の面持ちで試験会場に座る子供の前に一枚の紙が置かれ、その紙の上には、砂状の白い山が二つ作られた。

この二つの山は片方が「砂糖」で、もう一方が「塩」である。さて、左右の山のうちどちらが砂糖で、どちらが塩かを答えなさい——。

それが試験問題だった。受験する子供たちは大いに戸惑った。通っていた塾では、こんな設問への対策は教えてくれていなかったのだ。

二つの山を見つめているだけでは、砂糖と塩を判別することはできない。なかには「塩よりも砂糖の粒子の方が粗い」という〈知識〉を披露した子供もいたようだが、世の中には粒の粗い塩もあるから、この問題の正解としては不十分である。

結局、ほとんどの子供は「わかりません」と答えたらしい。

これは、受験に臨んだほとんどの子供が、すでに知識という枷《かせ》をかけられてしまっていたことを示している。知識だけでは正解にたどり着けない類の問題を解けないのだ。

この問題の正解を導く方法は単純で、二つの山をそれぞれ舐《な》めてみればいい。

砂糖は甘く、塩はしょっぱいことさえ知っていれば、誰でも正解を出せる設問だったのである。なんだそんな簡単な話かと怒る人もいるかもしれないが、人間は赤ん坊のときから、すべてのモノを舐めて確認している。人間の知恵のもとは、舐めることから始まるのだ。舐めてみて苦ければ危険と判断するし、逆に味覚が異常を示さなければ飲み込む。

種明かしをした後だと、とても単純な試験に思えるが、塾で入試対策の知識を詰め込まれた子供たちの多くが解けなかったのだろう。

この素晴らしい入試問題からわかるのは、〈実験〉の大切さだ。

一般的な教育では、ベーコン的な観点からまず知識を与え、その次にパスカル的な視点で思考力を育《はぐく》もうとする。ただ、その順番だと、知識が思考の邪魔をしてしまう。砂糖と塩を見分ける試験は、そのことを明らかにした。

あるべき順序は、まず実験なのである。

実験、思考、知識という順に段階を踏んでいくことで、人間は賢くなる。実験を繰り返す精神によって考える力が育まれ、そこからまだ見ぬ新しい知識が生まれる。重要なのは、実験が〈失敗〉を伴うものであるという点だ。試行錯誤を繰り返すことからこそ、本当の思考力が身についていく。

このあるべき順序は、学校教育の話にとどまらない。

実験をやめたら、人生はつまらなくなる。だから定年後も、ある程度は失敗を恐れずに挑戦を続けられたほうがいい。

サラリーマン時代に、つまらない知識をたくさん身につけてしまった人ほど、仕事から離れた後に、〈甘いのか、しょっぱいのか、舐めて確かめよう〉という気持ちが起きなくなる。

「ギャンブル」だから面白い

自然科学の世界では、具体的な実験により成果を出していく。その歴史から私たちが学べることは多い。たとえば、世紀の大発見ともいわれる抗生物質のペニシリンは、〈実験の失敗〉から生まれたものだ。

細菌学者のアレクサンダー・フレミングは、自分の不注意から細菌を培養させていたシャーレ（ガラス製の実験用平皿）にカビを生やしてしまった。空気中に漂っていた胞子が、シャーレに混入してしまったのだ。菌の繁殖を観察する実験としては、初歩的なミスによる失敗だった。

しかし、そのシャーレをよく見ると、カビの周りだけ細菌が繁殖していない。そこに疑問を感じたフレミングは、カビには何か、菌の生育を妨げる効果があるのではないか、という仮説を立てる。早速、カビの研究に取りかかった結果、アオカビが作り出す特殊な化学物質の存在にたどりついた。これが殺菌作用を持つ「ペニシリン」の発見に至る経緯である。後に感染症の治療に広く使われるようになった、「奇跡の薬」は、失敗した実験から生まれたものだった。

もちろんその一方で、全く正当なプロセスを踏んだのに、成功しなかった実験も数限りなくある。成功率が低いから、途中で諦めてしまう者も少なくない。

実験は多かれ少なかれ、ギャンブル的な側面を持っている。

定年後の人生が退屈に見えるのは、失敗という危険を伴う〈実験〉を避けているからではないだろうか。

競馬や競輪といったギャンブルを推奨しているわけではない。サラリーマン時代にやったことのない新しい仕事を自分でつくってみるのも実験だし、稼げる趣味を見つけようとするのも同様だ。うまくいかないかもしれないが、何もしないよりは、はるかに面白い。

こうしたギャンブルに勝てるのは、何回かに一度かもしれない。ただ、当然ながら勝ったときは楽しい。面白いから、またやってみようという気持ちになる。

いまの日本では、社会規範としてギャンブル的なものを抑圧している。しかし、弊害があるからといって、ギャンブル的な存在をどんどん取り去ってしまうと、失敗への対応力も独創性も育まれなくなる。負の面ばかりを強調するのは考えものだ。

たとえば、今上天皇の心臓手術の執刀医を務めた天野篤氏（順天堂大学医学部心臓血管外科教授）は、自身がパチンコの〝名手〟であることを包み隠さず述べている。

天野氏は医学の世界で天才と呼ばれる人であるにもかかわらず、大学入学までに実に三年もの浪人生活を必要とした。浪人中にパチンコにはまり、開店と同時に台の前に座り、何時間も打ち続ける日が珍しくなかったという。

天野氏本人は、そうしたパチンコ漬けの日々が、結果として手術の腕を磨くことに役立ったと振り返っている。

当時はレバー式のパチンコが主流で、繊細な手先のコントロールと、その継続が勝つためには必要だった。外科手術も正確な手技の繰り返し、再現が求められるという点では、通じるものがあるのだという。

多少、冗談を交えているところはあるかもしれないが、ギャンブルというものを頭ごなしに否定しないところからも、天野氏が自分の頭できちんとものを考える人物であることがうかがえる。ギャンブル性の伴う実験の大切さを知っているということでもある。

人間らしい生き方をするために、リスクを伴う選択は必要だ。定年退職したら、あとは安全運転で余生を過ごす――そんな思考では、長い人生は面白くならない。

第三章
新しい「仕事」

「スーパー農業」の可能性

定年退職してサラリーマンを辞めたら、全く違う仕事を始めてみる。第二の人生を面白くするためのギャンブルとしては、そんな選択があってもいい。

同じ会社で働き続ける再雇用や定年延長という選択をする人が増えているようだが、その仕事が八十歳や九十歳まで続けられるわけではあるまい。どうせなら、違う仕事を始めたほうが刺激的で退屈しない。

もちろん、準備はしておいたほうがいいから、五十代の頃からどんな新しい仕事があるかを探したり考えたりするといい。可能なら、定年よりも早く会社を辞めたっていい。これまでは、定年前に会社を早期退職すると「リストラにあったのだろうか」などと白い目で見られることもあったが、これからは「新たな生き方に早めに踏み出した人」と思われるようになるのが望ましい。

デスクワークしかしたことのない人にとっては、縁遠いものに思える「農業」だって、定年後にやってみるビジネスの選択肢だ。

地方に行けば遊んでいる土地や空き家になっている家屋はたくさんある。慎重に選べば、初期投資はそんなに大きくなくて済む。

自給自足の生活を営む程度のものであったとしても、経済的・精神的に自立した個人になれるのだから大きな意味がある。

つらい肉体労働というイメージが強いかもしれないが、機械化も進んでいる。トラクターや運搬用の新しい機械を利用し、頭を使って考えれば、六十歳でも七十歳でも、農業を稼げる仕事にできる可能性はあると思う。進化した「スーパー農業」と呼んでもいいかもしれない。

もちろん、地方に移り住んで農業をやろうとする場合、地域の人たちに快く受け入れてもらえるかといった問題は出てくる。収穫した作物の販路の確保も含めて、事前の準備、研究は欠かせない。

また、米や小麦などの当たり前の農作物をつくっても、儲けるのは難しいだろう。

たとえば野菜づくりでも、普通のサイズのものではなく「ミニ」サイズのものをつくってみる。スイカなどは典型的だが、かつて大家族ばかりだった時代には、大きなサイズのものを切り分けて食べるのにちょうどよかった。子供の数が減り、核家族化が進んだ時代には、野菜も果物もミニサイズのもののほうが、需要がありそうだ。大根にしたって、スーパーで売っているのは半分や三分の一にカットされたものばかりではないか。

そんなふうに考えていけば、〈実験と思考〉の余地はたくさんあると思われる。

「葉っぱ」で年収一千万円

興味深い事例がある。徳島県の上勝町《かみかつちょう》というところでやっている、実験と思考の末に生まれた、極めて独創的な農業の話だ。

人口が千六百人ほどのこの町では、六十五歳以上の高齢者の割合が半分以上を占める。人口構成だけを見れば典型的な過疎《かそ》・高齢化の進んでいる自治体だ。食い扶持がないという理由で、若者はどんどん都会に出ていき、その流れは止まらないように見えた。

しかし、この町では「高齢者ばかりでも稼げる方法がないか」ということを真剣に考えた。そして地元の農協職員だった男性を中心に生まれ、始まったのが山に生えている花や葉っぱを採って〝料理のツマ〟として売る〈葉っぱビジネス〉であった。

重いものを持ち運ぶわけではないから、これまでの重労働の農作業をするには限界があると考えられてきた高齢者や女性にも活躍の場が生まれる。この町では、葉っぱビジネスが他の農業を凌《しの》ぎ、年間数億円を稼ぎ出す一大産業になったのである。

お年寄りたちも、パソコンを駆使して市場情報を分析するなど、一人ひとりが〈実験と思考〉を重ねた。工夫は成果に反映される。葉っぱビジネスにかかわる農家のなかには、年収一千万円を超える世帯もあるという。そこまで稼げるようになれば、国から受け取る年金など、おまけのようなものだろう。

高齢化というマイナスの現象を逆手に取って、生きがいと稼ぎ口を創出した成功事例として、今では日本にとどまらず世界中から視察にくる人がいる。

新しい発想のビジネスによって注目が集まったことで、町の経済には良いサイクルが生まれた。伸びている産業に携わりたいという思いで、逆に都会から移住してくる若者も出てきているという。

さらに興味深いのは、やる気を出して働く高齢者が増えた結果、町営の老人ホームの入居者が減って、廃止になったという話だ。いくつになっても頑張れる仕事が目の前にあれば、人間の衰え、老化も止められるかもしれないのである。

施設に入って養われるだけだった人たちが、仕事をして稼ぐようになったことの意味は、とてつもなく大きい。

町の財政は豊かになるし、何より一人ひとりの高齢者にとって、人生が面白くなる。やる気と工夫さえあれば、いくつになっても自立した暮らしを送り、社会に貢献できる。上勝町の取り組みは、そのお手本ではないだろうか。

働くことは「社会貢献」

歳をとってからも仕事を探して働くことは、間違いなく社会貢献になる。

定年後の高齢者がある程度、経済的な力をつけることによって、年金頼みの人数が減り、若者たちの負担も少なくなる。こういう社会的効果は、非常にはっきりしている。八十歳になっても九十歳になっても、経済的に自立して生きられる人が増えるのは、日本社会にとって望ましいことである。

「余計な社会保障はいらない」

「医療費も一割どころか三割、五割くらいは自己負担で払ってもいい」

高齢者がそんな言葉を口にできるくらい元気になっていけば、世の中は間違いなく明るくなる。

大切なのは、「面白い仕事」を見つけることだと思う。

サラリーマン時代に会社から指示される仕事をつまらないと感じていた人は、その延長線上で働こうとしても、なかなかうまくいかないのではないか。どうしても稼ぎは減ることになるし、その一方で身体的、精神的な負担は歳とともに大きくなる。

通り一遍の探し方だと、なかなか面白い仕事は見つからない。清掃作業や配達、マンション管理人といった数少ない年齢不問のアルバイトの働き口を探して、六十歳や七十歳になってまで体にむち打って働かなくてはならない生活は苦しい。ひとまわり以上も年下の上司に指示を出される姿を想像して、うんざりする人は多いのではないか。

少しでも、自分が社会に必要とされていると感じられる働き方のほうがいい。

岐阜県中津川市にある加藤製作所という会社は、「日本一の高齢者雇用企業」と呼ばれている。百人ちょっとの社員のうち、実に半数近くがシルバー世代だという。

もともと金属加工で高い技術を持っていたこの会社は、土日祝日も工場を稼働させるために、「意欲のある方求めます。ただし六十歳以上の方」という求人広告を出した。すると地元で大きな反響があって、百人以上が面接に訪れたというのである。

やってきたのは経験のある元技術者などではなかったが、指導を受けることで戦力となり、工場の稼働率は大きく上がった。

現役世代の社員たちの求めもあって、今ではもともとの募集要項にあった土日祝日だけでなく、平日に出勤するシルバー世代の社員もいるという。この事例は、経営者が独創的な発想を持っていたという文脈で紹介されることが多いが、歳をとってからも「面白い仕事」をすることの素晴らしさを教えてくれる話でもある。

衰退産業にチャンスあり？

一般的に、農業は就労人口がどんどん減っていて衰退産業だと思われている。しかし、上勝町の例でもわかるように、やり方によっては稼ぐ方法はある。

将来性がないように見える業界にこそ、チャンスがあるかもしれない。定年後に小規模な商売として成功させることを考えるなら、こんな発想があってもいい。

私は個人的に、出版社と付き合いが多い。この業界も長期低落傾向で、未来がないように見える一方、小さなチャンスがたくさん眠っているように見える。

読者がどんどん減っているのは、インターネットの普及だとか色々なことがいわれているが、出版社に工夫が足りないという側面も大きいのではないだろうか。

どこか、読者を上から教育してやろうという発想が抜けきらないように見える出版社もある。エリート意識が透けて見えてしまう啓蒙《けいもう》主義でやっていると、お金を出してくれる読者はなかなか増えないだろう。

もちろん、素人が参入して簡単に結果が出る世界ではないのもたしかだが、既存の出版社が苦しんでいることを好機ととらえることもできるはずだ。重要なのは、従業員をむやみに増やそうとしないこと。そうすれば、少なくとも大きな損を抱えるような失敗は少なくなる。

たくさんの社員を食わせようとすると、売れる本を何冊も出して売り上げを立てなければいけないという話になる。大きな勝負に出た結果、売れないで返品が山のように発生して、倒産してしまうのだ。

私自身、八十歳の手前あたりで出版社を立ち上げようと考えたことがある。

社員は定年後の人に限る。給与は安めにするが、勤務時間もそのぶん短い。同じ業界の若者の仕事を奪うことなく、それでいて高齢者の日々の生きがいとなるような職場を創り出すことを目的に、起業しようと考えたのである。

この時は頼りにしていた仲間のうちの一人が健康上の問題を抱えていることがわかり、残念ながら諦めるほかなかったが、十年以上が経った今でも、出版社立ち上げにはチャンスがあったと思っている。

従業員が二人くらいの出版社なら、年に二冊くらい本を出してそれぞれが五千〜六千部くらいの売り上げだったとしても、なんとかなる。新聞広告などの大きな宣伝費をかけず、口コミでうまく評判が広がる方法がないかを考えたりするのも面白いのである。

働いている人たちが一家の家計を支えているわけではないなら、ベストセラーを出して大きく稼ごうとする色気はいらない。むしろ忙しすぎないくらいの仕事に抑えるのがいい。ちょっと部数の多いヒット作が出たりしたときに、社員を増やしてもっと儲けようとすると、失敗しがちだ。貧乏な創業当初はうまくいっていたのに、利益が上がるようになって商売を拡大したところで潰れてしまう。そんな末路を辿《たど》った小規模出版社を私はいくつか知っている。そもそも目的は大きく儲けることではなく、充実した定年後を送るための仕事であるという意識が大切だ。

これから潰れる出版社は増えると思う。だからこそ、規模は小さくても読者が楽しめる本を出す零細出版社を立ち上げる手があるのではないか。

衰退産業だ、という評判を鵜呑《うの》みにせず、商売として成り立たないかを自分の頭で考える。そうすれば、たとえ小さな成功であっても、それによって感じられる面白さは格段に大きいものになる。

人脈と経験を生かす起業

歳をとってからの「起業」というと、リスクが大きい印象を抱く人も多いと思う。一からビジネスを立ち上げようとして、うまくいかなかったら巨額の借金を背負うのではないか——といったマイナス思考だ。定年まで会社を勤め上げた後に、とてもそんなギャンブルはできないと決めつけてしまう。

ただ、具体的なシミュレーションもせずに選択肢から外さなければならないほど、大きなリスクがあるのだろうか？

資本金一円からで会社は立ち上げられるし、前職の経験やノウハウを生かしたビジネスだってできる。もちろん、大きな額の退職金が手元にあるからといって、その大半を注ぎ込んで売れるかわからない商品を大量に仕入れるといった馬鹿げたやり方のビジネスはダメだが、「自分で自分の仕事を創《つく》ってみよう」という発想は、定年後こそ大切だと思う。

儲けにこだわりすぎず、日々の生きがいを自分で考えて創り出すことに喜びを見出してみてはどうだろうか。それだけで社会貢献になるし、毎日は断然、刺激的になる。

それまでに働いた経験をもとに、関連するビジネスを始めるのであれば、やりやすいと感じる人も少なくないだろう。どんな仕事であっても何十年と続けていれば、専門的な知識は身につく。四十代より若い人であれば、日々、自分の仕事にどのくらいの市場価値があるかを考えながら働いてみるのもいいだろう。

財務や営業畑のサラリーマンだった人なら、経営コンサルタントや営業代行の個人事業を立ち上げるといった選択肢があり得る。

小さな会社の場合、新人の営業マンにベテランが付きっきりで指導する余裕がないこともある。コンサルタントなどという大仰な言葉を使うと気が引けてしまう人もいるかもしれないが、営業部の中間管理職を経験したことのある人なら、若者に現場で営業スキルを教える仕事ができる。新人営業マンが売り上げを立てたら、その何割かを成功報酬として受け取るというかたちだ。

定年後の起業では、こうしたコンサルタント業務の成功事例が多いという。他人に何かを教えるという行為は、相手によって伝え方を変える必要も出てくるので、頭を使う知的な仕事になる。少し体力が衰えを感じる歳になってから始める仕事には適しているということなのだろう。

サラリーマン組織では、四十代、五十代になると営業・製造などの現場から離れて、人の仕事を管理する業務に回されるケースも少なくない。現場に面白みを感じていた人には、そうした人事サイクルが不満に感じられる。であれば、定年後にもう一度、現場に出るチャンスを探してみてはどうだろうか。若いときほど、しゃかりきに成果を求める必要はない。ほどほどに面白みを感じられればいいのだ。

もともと勤めていた会社に再雇用で残って、やりがいの感じられない仕事を続けるくらいなら、自分が楽しいと思えるかどうかを優先したほうがいい。コンサルタントとして適切な助言を与えることができれば、取引先の企業から感謝もされる。些細《ささい》なことでもいいから、他人の役に立っていると思えることが大事である。

もちろん、始めてすぐに軌道に乗るというものでもない。数か月や半年は、売り上げが立たない期間があるかもしれない。

そのくらいの助走期間が必要なことを前提に、計画を立ててみるのである。

定年は「延長しない」ほうがいい

何年か前に、企業の定年は六十歳から六十五歳に延ばされた。企業には、働きたいという意志を持つ社員を六十五歳まで雇う義務が生まれた。なかには自主的に七十歳まで働く場を提供する会社もあるという。

六十五歳定年が義務化された背景には、国の年金財政が苦しいという事情がある。支給開始を六十歳から六十五歳に後ろ倒しにしたことと連動して、定年の年齢も上がったのだ。であるからには、そう遠くない将来、年金の支給開始も、企業の定年も、七十歳という時代がやってくるのだろう。

ただ、たとえ会社が雇ってくれるといっても、七十歳まで同じ会社に勤め続けることは避けたほうがよいのではないか。

会社に長くしがみつくほど、定年後に新たな仕事を始めることは難しくなるだろう。事業を軌道に乗せる上で必要となる体力もやる気も、五十歳と七十歳では大きく違う。

目的はあくまで、少しでも長く、経済的にも精神的にも自立した人生を歩むことだ。五年ほど長く会社に雇ってもらった結果、退職してすぐに年金と貯金だけが頼りの老後になっては、あまり意味がない。

むしろ定年を前倒しにするくらいの気持ちがあっていい。

サラリーマンを辞めた後に新しい事業を立ち上げようと思ったら、十年くらい前から少しずつ準備が必要なはずだ。

最初からやりたいことが定まっているとは限らないから、複数の案を持ちながら構想を練る期間があったっていい。コンサルタントのような仕事がやりたいなら、サラリーマン時代から自分を売り込む先を探して、人脈を広げておくことも大切になる。同じ会社のなかの人間関係は、あまり役に立たないはずだ。

また、サラリーマンでいる間に、練習期間を設けるという考え方もある。

いまは、会社によっては社員に「副業」を許しているところもある。最初は、無償のボランティアに近いようなかたちで副業をしてみると、自分の考えている新しい仕事がどのくらい有望か、見定められるかもしれない。副業として成立させた実績があれば、いくらか自信を持って会社を辞められる。

五十代になったら辞めるための準備を始め、目途が立つなら六十歳の手前で退職して新たなビジネスを始めてみる。そんな流れが面白い。

準備期間を設けて工夫すれば、個人事業の立ち上げはそれほどリスクが高いとはいえない。六十歳になって手取りで月二十万円の仕事を見つけようとすると、それなりに一生懸命に探さないといけないが、一件で二万円の仕事を月に十件集めるほうが簡単そうだ。要は、仕事を奪い合う競争相手が多いか少ないかの話だ。さらに、個人事業主であれば、自宅の家賃や光熱水費、パソコンの購入費や携帯電話料金を経費で計上できることもある。会社から給料をもらうより、有利なことが多いという。

しかも、個人事業に定年はない。自分が続けられる限り、現役でいられる。寿命が延びていく時代に、その点は見逃せない。定年のある会社を早めにリタイアして、定年のない事業に踏み出すのである。

人生百年時代においては、五十歳は折り返し地点だ。

人生の第一部はなるべく早く終わらせて、次のステージへ移行する。そのほうが、第二部を充実させやすいに決まっている。国が定年を延ばしたからといって、ダラダラと第一部を続ける必要はない。

面白くなければ撤退

定年後の「起業」では、食品会社の営業だった人が高齢者向けの宅配食品販売業を始めてみたり、看護師だった人が訪問介護・看護事業を立ち上げたり、美術教師だった人がフリーランスのデザイナーになったりする例もあるという。

大手電機メーカーの東芝で画像センサーの研究に携わっていた技術者が、定年後に介護施設向けの監視システムを開発し、定年後ベンチャー企業として話題になったこともある。被写体に動きがあるときだけその映像を流すシステムで、介護から防犯まで、様々な用途に広がろうとしているのだという。

営業職に限らず、会社員時代に培《つちか》った技術や人脈を生かした定年後の起業の成功例は少なくない。

ただ、ゼロから事業を立ち上げるのは簡単ではないし、現役時代に培った人脈を生かそうとしても、元取引先の対応が大企業の名刺を持っていた頃とは違って当然だ。冷たくあしらわれてしまうこともあるだろう。

このやり方を採用する上では、現役時代の仕事を面白いと思っていたことが条件になる。あるいは、会社による制限があって、やりたいと思ってもできないことがあった人に向いている方法だろう。せっかく会社を辞めたのだから、嫌でしかたがなかった仕事なら、似たようなことを続けるのは馬鹿らしい。つい、昔の肩書きをひけらかしてしまって煙たがられるなど、経験や人脈が、逆に足枷になってうまくいかないことだってあり得る。

定年後の起業として、それまで経験のない人が飲食店を出そうとするケースも少なくない。これはあまりうまくいかないことが多いと聞くが、工夫次第で違った結果が得られるかもしれない。

たとえば、高齢者のニーズに特化した飲食店などはどうだろうか。

私は九十四歳の春から老人ホームに入居することにしたが、理由の一つは、年寄りの一人暮らしだと夕食に困るのだ。

朝はファミリーレストランなどで適当に済ませればいいのだが、夜は食べる場所に困る。都会だから周りに飲食店があるにはあるのだが、酒を飲ませて採算を取ろうとする店がほとんどだから、食事だけのお客には冷たい顔をする。料理をしようにも、妻が亡くなってからは一緒に食べる人がいないから、作ってもつまらない。老人ホームに入るメリットは、食事を提供してくれるところにあった。

そういう高齢者は都会には少なくないと思うから、酒を飲まなくても嫌な顔をしない食堂を作れば、案外、流行《はや》ることもあるのではないか。あるいは、同様の高齢者をターゲットにした食事を宅配する事業にも、可能性があるように感じる。

大きい仕事より感謝される仕事

長く専業主婦だった女性が、夫が亡くなったことを機に、「働いて自立してみたい」と一念発起して、難関の国家資格である「宅建」に七十九歳で合格し、不動産業者を開業したことが数年前に話題になったことがある。メディアに取り上げられたこともあって、会社はすぐに年商数億円の規模にまで成長した。

何歳になっても、そしてたとえ経験がなくても、生きがいとなる新たな仕事に出会える可能性はある。ただ、「やってみよう」と思わなければ、何も始まらない。貯金と年金で暮らしていくより大変になるのは間違いないが、せっかく人生が昔より長くなったのだから、より面白くするチャンスを最初から捨ててしまうのはもったいない。

ギャンブル性があるからこそ、人生は面白くなる。

事業を立ち上げるというと、「これまでになかった新ビジネスを考え出さなければならない」と肩に力が入ってしまう人もいるかもしれないが、そんなふうに意気込まなくてもいいのではないか。

斬新《ざんしん》な発想というと聞こえはいいが、過去に同じようなビジネスが生まれていなければ、単に需要が少ないだけのことが多い。

何も、新聞に取り上げられるような画期的な商売を編み出さなくてもいい。

そうやって考えれば、週に何度かのアルバイトとして働くことでも、十分に意味がある。ただ、やっていて面白くて、他人に感謝される仕事を探したほうがいい。同じ清掃作業をするにも、大企業のビルのなかを清掃するよりも、小さなお寺の敷地を掃除するほうがいい。お墓参りに来た人に感謝されたりする。

お金を稼ぐことだけを考えて、資格を取ろうと勉強する人もいる。面白くてやりがいがあると思う仕事に資格が必要という話なら大いに結構。だが、「資格があれば仕事が得やすいだろう」という考えだと、うまくいかない。

社会保険労務士やファイナンシャル・プランナーなどの資格を取ってみたものの、その肩書きを生かした仕事の中身が好きでなければ、職が見つかっても面白くはない。資格を取っただけで満足してしまう人もいるというから考えものだ。

お金のことを考えるのは大事だが、頭の中がそれだけになってもうまくいかない。充実した毎日が送れるなら、必ずしもバリバリ稼がなくてもいい。働くのは週に三日くらいにして、他の日は趣味にあてても構わない。

リスクを取りすぎない

サラリーマンの定年後の新ビジネスでは、「数百万円から数千万円の元手で中小企業を買収して社長になる」という方法も最近は流行りだという。

日本にある中小企業のおよそ半分は廃業の危機に瀕していて、そうした会社を買収して経営者になるのである。実は、廃業する企業の半分ほどは、経営自体は黒字だ。親族に後継者がいないから、廃業せざるを得ないだけで、優良なビジネスを展開している場合も少なくない。大廃業時代だからこそ、チャンスが転がっているという話だ。

ただ、どうしても個人で小規模な事業を立ち上げるよりも元手はかかるし、会社を買った後で未払いの残業代や簿外の債務といった問題が発覚することもあるという。見ず知らずの会社の社長になるのはリスクが大きいので、少なくともある程度の期間、慎重に調査し、内情を把握した上で判断したほうがいいように思われる。

大きすぎるリスクを避けるという考え方も大切だ。

事業を興してみて思いのほか調子がよい場合でも、大きな借入をして設備投資に注ぎ込んだり、会社を大きくしようとしたりする必要はないと思う。従業員を増やしたことが原因で、仕事がうまく回らなくなるリスクがあるし、人間関係を含めた面倒なことが増えかねない。

ギャンブル性を過度に排除しては面白くないが、適度にリスクをコントロールする考えは必要だ。

どんな仕事であっても、名刺と会社案内くらいはつくる必要があるだろうが、費用はなるべく抑える。事務所を借りれば毎月の固定費がかかるから、自宅でそれを兼ねる方法を採る人もいるようだ。

経費があまりかからず、生活に困らない程度の失敗をしながら事業を続けられるなら、御の字だと考えるくらいがよいのではないか。

たとえ幸運なことに大成功を収めたとしても、「会社をさらに成長させて子供に継がせよう」などとは考えないことだ。

あくまで目的は大儲けではなく、経済的にも精神的にも自立した「面白い定年後」を過ごすことである。

第四章

実益を兼ねる「趣味」

「趣味」がお金になる可能性

気軽に面白く始めるという点では、むしろサラリーマン時代の仕事ではなく、「趣味」から発想を広げたほうがいいこともある。

楽しく打ち込める趣味を持つことで、充実した定年後を過ごせる人もいるだろうが、なかにはお金がかかるものもある。旅行は交通費やホテル代が馬鹿にならないし、ゴルフ好きは道具にお金をかけ始めると際限がなくなってしまう。楽器やバイクといった類も、店に行くとついつい高いものが欲しくなる。気持ちはわからないではない。「お金がかかるから趣味の頻度《ひんど》を控えめにしよう」などと考え始めると、途端につまらなくなる。

そこで、趣味がお金になれば、一石二鳥というわけである。

そんなうまい話があるのかと思う人もいるかもしれないが、探せば見つけられないこともない。

たとえば山登りや釣りが趣味の人は、ガイド役の仕事を探してみる。初心者の人の案内役を務めながら、空いた時間で自分でも楽しむ。民間の資格も用意されているというから、勉強して取得すれば、稼ぎを得やすくなるのではないか。

囲碁や将棋が趣味なら、子供向けの教室の講師や手伝いの職があるかもしれない。碁会所や将棋道場の店員のアルバイトから始めてみるのも手だ。

趣味で嗜《たしな》んでいる程度の知識や実力で、お金がもらえるはずがない、と決めつけるのは早計である。

どんな趣味でも、自分よりも後に始めた「初心者」はいるものだ。そういう人たちに手ほどきをする仕事であれば、少し勉強して知識を増やすだけで独立できることもある。「元プロ」といった肩書きを見せびらかして、偉そうに教える人よりも、親しみを感じてもらえるかもしれない。

動物好きの人なら、飼い主が旅行などで留守にしている間、面倒を見るペットシッターの仕事があるし、子供が好きなら保育士の仕事を補助する「グランドシッター」という民間資格を取得してみる手もある。歴史好きの人なら城下町の観光ガイドや遺跡発掘を手伝う仕事を探してみてもよいのではないか。日曜大工に熱心な人なら、建設業界は人手不足だから、リフォームを手伝う仕事に就ける可能性だってある。

趣味でお金を得ることの最大の利点は、自分が楽しめることだ。楽しいから、仕事に一生懸命になる。至極当たり前の話である。

楽しい「努力」

お金を得ようとすると、単なる趣味のままにしておくことに比べて、特別の努力を求められるのが当然である。ただ、やりたくもない仕事で残業するよりは、よほど前向きに取り組めるはずだ。

定年後に始めた陶芸や書道などの趣味が高じて、個展を開けるようになった人もいる。もちろん、どこまで打ち込むかは、人それぞれでいいと思う。書道が好きで個展を開くほどの実力はなくても、賞状や結婚式の招待状を毛筆で代わりに書く「筆耕」の仕事を見つけられるかもしれない。

手芸の好きな女性なら、編み物をつくって売ってみるのもいいかもしれない。

私は冬の間は手編みの手袋を使っているが、革製のもののように冷たくないから気に入っている。大規模なビジネスとして展開はできないかもしれないが、インターネットを使った通販なら多少の買い手がつくものもあるだろう。

料理や家の中の整理整頓といった家事が好きなら、子供の手が離れた後に家事代行の仕事を始めたら楽しめるのではないか。


趣味をお金につなげようとする場合も、起業と同様に助走期間があったほうがいい。定年退職する十年くらい前から、仕事につながりそうな趣味を探しておくという考え方である。

語学を学んでみるのもいいし、カメラで撮影する腕を磨いてもいい。十年も続ければ、初心者に教えるくらいの実力を身につけられる可能性は十分にある。もちろん、やってみて面白くないと感じるような趣味であれば、何年も続けるのは本末転倒だが、楽しいなら定年までの間にだいぶ上達する。

さらにいえば、歳を重ねるごとに趣味を変えていく計画があってもいい。七十歳くらいまでは少し体を動かす趣味を仕事にして、それ以降は主に頭を使う趣味で少しでも稼ぐ、といったスケジュールを組むのだ。大きな額を稼ぐのは難しいだろうが、「実益を兼ねる趣味」なら月に数万円であっても、それほど不満は感じないと思う。

「好きなことを仕事にしたい」などというと、厳しい環境で長く働いてきた元企業戦士ほど、〝そんな甘い考えではいけない〟と考えがちだが、定年後はむしろ、楽しむことを主眼に置いてみたほうがいい。

組み合わせの妙

二つの特技、趣味を組み合わせることで、面白い仕事になる可能性もある。

たとえば海外からの観光客が多いから、語学が堪能な人で、かつ書道や茶道といった日本の伝統文化の嗜みがある人は、その面白さを日本にやってきた外国人に伝える仕事ができるかもしれない。

俳句などには、ヨーロッパやアメリカにもファンが多い。

最短でも十数行なければ詩ではない、という考え方が支配的だった欧米の人たちにとって、たった十七音で詩になる日本の俳句は衝撃的だった。

一時期は、アメリカの初等教育で俳句ポエムがほぼ義務化された時期もあるのだが、どうも「季語が必ず入っていなければいけない」であるとかの些細な点にこだわったためか、うまく俳句が伝わっているとはいえない。これは、日本から海外に俳句を伝えようとした人たちのやり方がまずかったという面もありそうだ。

四季折々の気候の変化のある日本だからこそ、「季語」という考え方が成立するのであって、アメリカやヨーロッパでそれは当てはまらない。そもそも、アメリカのように国土が広大になると、たとえ同じ花でも咲く季節は違っていて当然だ。それなのに、アメリカでも歳時記をつくろうとしたりしたから、収拾がつかなくなってしまった。

もっと早い時期に、山本健吉のようなきちんとした人が現地へ指導に行けば状況も変わっていたのだろうが、そうはならなかった。

海外の人に伝統文化の本質を正しく伝えるというのは、かくも難しい。

語学だけできても表面的なことしか教えられないし、日本語で説明できるだけだと外国人にニュアンスまでは伝わらない。早くから準備を進めておいて、定年後に時間ができたときに挑戦してみる仕事として、面白いのではないか。

趣味は面倒なことを考えずに楽しむもの。わざわざ仕事にはしたくないという人もいるかもしれない。

しかし、定年後に稼ぎ口が何もない人生は、やはり考えものだ。

人生の最後に、お金が足りなくなって社会保障のお世話にならなきゃいけないというのは、少し情けないことだと思う。もちろん、本当に困っている人を助けるための制度は必要だが、一人ひとりが「多少は苦しくても自立して生きていきたい」と考えることが大前提ではないか。

歳をとってからでもある程度の収入が得られる方法を考える上で、「実益を兼ねる趣味」は心強い味方である。ただし、甘くない。覚悟がいる。

「失敗」があるから面白い

「若い頃の苦労は買ってでもせよ」という言葉がある。

これからは、「歳をとってからの失敗は買ってでもせよ」という言葉を広めたほうがいいのではないか。

定年後が退屈になる原因の一つは、「失敗」する機会がないことだ。老人ホーム暮らしになって、朝から晩まですべて面倒を見てもらえるようになれば、緊張感がなくなり、毎日をボーッと過ごすことになる。ただでさえ、歳を重ねるとどうしても、頭の回転が鈍るのに、やることがないと老化現象が加速する。

新しい仕事を始めていると、そうはいかない。緊張する。

定年前に勤めていた会社では偉そうにしていられた人も、肩書きがなくなる。新しいビジネスを始めるとなったら、これまで下げなくてよかった頭を下げる機会が増えることもあるだろう。趣味を仕事にする場合だって、思わぬところで手違いやミスをしてしまうかもしれない。お金をもらって仕事としてやる以上は充分に心して、間違いがないように気を配らないといけない。

どうすれば新しいビジネスが成り立つのか、どうやったらミスなく仕事を続けられるのか、考えて工夫するようになる。失敗のリスクを伴う〈実験〉の機会があるからこそ、〈思考〉が生まれ、新しい〈知識〉を身につけられる。

自宅や図書館、公園などで一日中のんびり過ごしている老後では、決して得られない人生である。

だいたい人生は、成功よりも失敗から学ぶことのほうが多い。定年後の仕事をうまく続けていく上でも、やはり失敗の経験が大切になる。

失敗をすれば誰でも悔しい。その日のミスを思い出して、夜に眠れなくなることもあるかもしれない。だからこそ、生活の刺激が生まれる。

失敗から回復しようとするときに、人間はいちばん大きなエネルギーを発揮する。風邪にかかって治っていくときだって、人間の正常な回復力が備わっていれば、治った後は以前よりも健康な体になる。筋肉だって、運動して傷ついたあと、栄養を補給して休息を取れば、前よりも強くなる。「超回復」という考え方だ。失敗したり傷ついたりすることには、思わぬ意味があるのだ。

もちろん、生活を破綻させてしまうほどの大失敗は避けないといけない。起業するのに大金を注ぎ込んで、退職金やそれまでの蓄えが吹き飛ぶような事態があってはならない。リスク管理は重要である。

ただ、自分の判断によってもたらされた結果であれば、利益があがれば嬉しいし、少しでも赤字になれば悔しい。そういう感情の起伏があると、仕事は面白くなるし、状況に応じる判断力も養われる。

会社に守られていたサラリーマン時代とは違ったかたちで、「仕事の面白さ」を感じられるのではないか。

どうせ定年後に働くのなら、単純作業のアルバイトや給料がいいという理由だけのやりたくもない仕事を選ぶのはやめたほうがよいと思う。

もちろん、何らかのかたちで働いていれば、社会貢献にはなる。ただ、起業したり事業主になったりして、自分で主体的に判断する裁量を増やしたほうが、面白みは増す。そして、失敗したときの悔しさもより一層、大きくなる。それがいいのだ。

職探しのセレンディピティ

定年前後に新しいビジネスの種を探したり、どういう仕事が面白いかを考えたりする上で、仲間とクラブを作っておしゃべりする場を持っておくと、思わぬ良いアイディアが浮かぶかもしれない。

日本ではとかく、一匹狼がかっこいいと思われているが、一人で考える〈単独英知〉の範囲には限界がある。やはり、複数の人間が群れて〈集合的（コレクティブ）英知〉を目指すのが望ましい。

メンバーはあまり歳が離れていないほうがいいと思うが、それより大切なのは、似たような経歴の人間が集まらないことだ。

同じ部署で働いていた元同僚などはできるだけ避けるべきだろう。かつての上司の悪口になったりしても、何にもならない。

全員違う仕事をしてきた者が最低でも三人――三人寄れば、文殊《もんじゅ》の知恵とは言い得て妙だが――さらに五〜六人まで人数を増やしておしゃべりするグループができると素晴らしい。みんなでワイワイと話し合っていると、誰かがふと口にした言葉がきっかけになり、自分では全く考えたこともないような発想が飛び出してくることがある。

中学の頃の同窓会や部活動のOB会などでメンバーを探してみるのも一つの手で、昔から顔は知っているが、親しくしたことはないというような人とつながりを作ってみるのがよりよい。思いもかけないところで意気投合した仲間と話しているのが、会話は断然、面白い。

自分がもともとしていた仕事の意外な営業先が見つかるかもしれないし、製造業のノウハウがデスクワークに生きることもある。同業他社でも、全く違う効率的なやり方をしている職場があるかもしれない。新しいアイディアは、同質な人間同士では生まれづらいのである。

何も、話題は仕事やお金の話に限らなくてもいい。食事をしながらだったり、酒を飲みながらだったりしても結構だ。むしろ、関係のないような雑談のなかに、予想外のヒントがあったりするものだ。

それぞれ異なった視点から出てくる様々な話題や、ふとした気づきを、思いつくままに皆で話し合う。そうした雑談に参加することで、個人では到達できなかった発想や考えに辿り着けるかもしれない。実は、歴史的な発見や発明がそうした雑談するクラブ活動から生まれたことも少なからずあるのだ。

歴史的な発見とまではいかなくても、定年後の面白い仕事を見つけるヒントくらいは出てくる可能性がある。

仲間を増やす「乗数効果」

一人きりで考えることが得意な日本人は概して、クラブを作って持続させることは苦手だ。だから、日本にはクラブ文化がなかったのである。

イギリスでクラブ文化の原点とされているのは、ゴルフクラブである。明治以降、日本でもその形だけ真似たゴルフクラブができたが、真似られたのは外見だけで、本当に大事な中身のほうは真似られなかった。それは、クラブが人品を担保するものだという考え方を理解していなかったからだと思う。

イギリスのゴルフクラブは社交の場として使われるだけでなく、それ以上に、そのクラブに属することが「社会的信用」に直結している。それゆえに、イギリス人は自分が属するクラブに誇りを持ち、モラルも高い。

クラブ的な議論による成果も積み重ねられてきた。

二〇〇年以上も前の一七八〇年代の話だが、イギリスのバーミンガムに月光会（ルナー・ソサエティ）というのがあった。毎月、満月の夜、化学者や牧師、技術者など数人が集まり、とくにテーマを決めずに語り合っていた。

しかし、それは単なる雑談に終わらなかった。月光会での会話が新たな発想を生み、ジェイムズ・ワットの蒸気機関や、プリーストリーという学者の酸素の発見につながったといわれている。

私の考えでは、一人ひとりが持っている〈偶然の発見＝セレンディピティ〉の確率は、人数が増えることで指数関数的に高まる。三人いると三倍ではなく三乗、五人なら五乗になる。

意外に思われるかもしれないが、一人きりで実験室に籠《こも》ってビーカーを動かしていても、なかなか発明にはたどり着かない。一人で座禅を組んで悟りを開くなんて、常人ができることではない。

どの分野であっても、独学には限界がある。むしろ、クラブ的思考に基づき、皆で酒を飲んだり、ものを食べたりしながら勝手なことを言い合っているほうが、新たな気づきへの近道になる。

そういう〈偶然の知恵〉こそが、ヨーロッパの歴史に数々の発明と発見をもたらしてきたのである。


現実的には、五〜六人の仲間によるクラブをいくつも持つことは簡単ではない。私も、つくろうとしては失敗を繰り返した。

そういうクラブ的集まりを一つか二つ持つことができれば、それだけでも素晴らしい生きがいになるだろう。集まるのが毎回、楽しみになるし、常に色々な人から刺激を受けられる。頭の老化の進む心配も少なくなる。

定年後に始めてみたい新しいビジネスについて、何となく素人がいいかげんな夢みたいなことを言い合うだけでもいい。各自が感じたことを遠慮なくしゃべって、お互いに、それに対して批判したりなんかしないで、聞いているのだ。

打ち解けて話し合える異分野の友人は貴重だし、大切にしたい。

そういう議論のなかで思いついたアイディアをすべて実行することはできないし、その必要もない。

雑談しながら考えを巡らせたほうが、机の前で一人で本を読んだり、考えるよりも楽しい。そんな面白い時間を過ごすだけでも、十分に意味がある。

第二の人生の「テーマ」を探す

定年後の稼ぎ口を探すというのは、自分で考えて第二の人生のテーマを設定するということでもある。

どういう仕事を選べば、面白く、充実した人生になるか、考えて仮説を立てて、失敗のリスクを伴う実験に踏み出すのだ。

日本人は、仮説を立てることがあまり上手でない。

戦後、それなりの数の日本人研究者がノーベル賞をもらったが、自分の思考力で仮説なりテーマなりを設定し、最後までやり通して成果を出した人は少ない。アメリカに留学して、そこで研究テーマに出会って、海外の学者のフォロワーとして研究に携わり、受賞に至ったという人もいる。

テーマ探しがうまくいかないのは、仲間とクラブ的な集まりを作って議論する慣習がないこととも関係があるかもしれない。

かつて、朝鮮半島が日本の植民地だった時代に、京城帝国大学という大学があった。日本から現地に赴《おもむ》いた教授たちは、しゃべる相手もいなく困っていたが、じきに大学関係者と交流を深めようとするようになったそうだ。そのうちに哲学や工学、文学といった様々な専門分野の人と話をするようになって、そこで新しいアイディアが生まれるようになったという。

詳しいことはわかっていないが、当時、京城帝国大学にいた時枝誠記《ときえだもとき》という国語学者は、東京大学に戻ってきてから「言語過程説」を提唱するなど、確かな研究成果を残した。それは、異分野の専門家と闊達《かったつ》に議論する環境に身を置いていた影響もあるのだと思われる。

定年を迎えれば、何十年も慣れ親しんできた職場環境を離れることになる。逆にいえば、いままでの仕事で全く接したことのないような、異分野の人との知的交流を始めるチャンスにもなり得る。

これまで接することのなかった人と出会える職種を選ぼうとすることも、大切なことの一つだろう。

そういった選び方をしたほうが、成功したとき面白みが増すのも確かだ。

新時代のルック・イースト

東南アジアの小国・シンガポールは、目覚ましい経済成長を続けている。国際金融センターとなり、日本から移住する富裕層も多いという。

実は、このシンガポールでは日本を上回るスピードで高齢化が進んでいる。出生率も日本より低くて、やがては人口に占める高齢者の割合が、日本と同じくらいになるのではないかといわれている。

それなのに、経済成長の勢いは落ちない。

教育に力を注いでいるだとか、外国人労働者をうまく受け入れているとか、理由はいくつかあるようだが、そのうちの一つに「高齢者がきちんと稼げている」というポイントがある。日本では、定年後の継続雇用などのときに給与待遇を大幅に下げるのが普通だが、シンガポールではそれが認められていない。細かい仕組みはさておき、多くの高齢者がやる気を出して働ける環境があり、それが国を豊かにする一因になっているのだ。

進取の精神があるところでは、成長は止まらない。

シンガポールは過去に、日本のいいところをいくつも取り入れてきた国だ。たとえば、街中に「交番」をたくさんつくり、治安を維持するという仕組みは、日本の交番を手本として導入されたものだ。その結果、シンガポールは日本と同じく、世界有数の犯罪発生率の低さを誇っている。

長くシンガポールの首相を務めたリー・クアンユーという政治家は、高度成長期の日本を手本に国全体の工業化を進めた。日本の政府や民間企業からも協力を得ようと努力を惜しまなかった。

日本を手本とした「ルック・イースト政策」は、お隣のマレーシアの政策としてよく知られているが、同様のことを始めた国としてはシンガポールのほうが先だった。

今の日本は、東南アジアの国々のお手本であるとは、決していえないだろう。それでも、もう一度、世界の国々のお手本になるチャンスはある。

カギを握るのは、定年後の高齢者たちだ。歳をとっても人生を面白く生き、経済的にも安定している人を増やしていくのである。その結果、社会保障費の増大に歯止めをかけることに成功したら、世界中の先進国はこぞって日本に学ぼうとするだろう。

日本が新たな「ルック・イースト」の根源であり得ると考えることができる。

チョコレー党から出馬？

定年前後の人が選ぶ新しい仕事の選択肢として、「政治家」があってもいいのではないかと考えている。

いま、地方の市町村議会の議員のなり手不足が深刻化しているといわれる。選挙になっても、立候補者が定数を満たさなくて、無投票で議員が決まってしまう自治体も少なくないという。

定年退職して「長い第二の人生」を歩む人は、これから確実に増える。ならば、会社を定年まで勤め上げた人のなかから、その利益代表として議席を得る人が出てきてもいいのではないか。

年金や社会保障の多くは国会の仕事かもしれないが、地域における定年退職後の高齢者の活用策などは、実際の経験をもとに提案できる人が議員になったほうが、よさそうな気もする。

なんとなくつまらない「超高齢社会」ではなく、甘くて美味《おい》しい「チョコレート（超高齢党）文化」を作る――そんな目標を掲げ、仕事を一度リタイアした人によって構成される「チョコレー党」というのはどうだろうか。

住民の要望を真面目に聞いて、議会で代弁しようと思ったら毎日は忙しくなるし、読まなくてはいけない資料もたくさんあるから、老化が進む心配もなくなる。手を抜いたら落選するかもしれない。一生懸命に取り組んでいれば、歳を忘れることができる。

議員という仕事で食っていこうとすると、どうしても特定の業界や業者と癒着《ゆちゃく》したり、活動費を誤魔化そうとしたりするのが出てくる。チョコレー党は、あくまでサラリーマン時代の蓄えと年金があるから、議員の仕事で得られる報酬は補足的なものになる。そうなると腐敗《ふはい》は起きにくいのではないか。

町村議会で実績を残したら、次は市議会、県議会といって、うまくいけば国会議員だって出てくるかもしれない。たいした苦労も知らない世襲議員だらけになってしまいそうな国会よりは、「定年後のサラリーマン」の代表がいくつか議席を持っているくらいのほうが、よっぽど健全に思われる。

サラリーマンを辞めた後に政治家になろうと思ったら、起業を考えるときと同じように、事前の準備をしておいたほうがいい。

五十歳くらいで出馬する場所を決めて、地域の人脈づくりを進めていく。信頼できる後援会のメンバーを見つけておくのだ。選挙を手伝ってくれるボランティアを集めなくてはならない。

ただ、小さな自治体であれば、そこまで大きな票を獲得する必要もないのだから、六十歳くらいで会社を辞めてすぐに当選できる人だっているのではないか。

もちろん、高齢者への保障や福祉をもっと手厚くしろ、と声高に叫ぶだけの議員が増えるのでは困る。年金を増やしてほしいと要求をするのではなく、年金で足りない分を自ら補える高齢者を増やすための政策を実行に移していくのだ。

何歳になろうと経済的にも、精神的にも自立している人を増やすためにどうすればいいのか。いま、そのことを真剣に考えている政治家はごくごく少ない。だからこそ、チョコレー党の出番がある。

「生きがいのある高齢者を増やす」――この国の政治が挑戦しなければいけない最大テーマである。胸を張ってチョコレー党に一票を投じる大義がある。

第五章 株投資という選択肢

投資は「下品」か「知的」か

実益を兼ねる趣味という点では、案外、簡単にできるのが「株投資」ではないか。私はそんなふうにも考える。

汗水たらしながらコツコツ働いてお金を貯めるのが美徳で、自分は働かず投資で不労所得を得るのは下品――そんな思い込みが日本には根強くあるようだが、果たしてそうだろうか。多くの人が深く考えることなく、それを常識だと思い込んでしまっているように思われる。

日本人は、必要以上に株投資のことを口にするのをはばかる。

結果、株を買った経験がない人が、日本人の大半を占める状況が続いている。内閣府の調査で、株や投資信託の取引を一度もしたことがない人が八割以上という数字が出たこともあるという。

もちろん、ノーリスクの投資は存在しない。しかし、だからといって真剣に検討せずに選択肢から外してしまってよいものだろうか。安全策だと思って銀行預金ばかり増やすことが、実は個人と社会のリスクを増大させている可能性もある。

株を買う人が少ないから、有望な企業に必要な資金がなかなか集まらず、日本の経済がもう一つ力強いものにならないという見方もできるだろう。年金にしたって、集めた保険料の一部を株式で運用しているのだから、株価が上がれば逼迫《ひっぱく》している年金財政を助けることにもなる。

日本と比較して面白いのは、第二次世界大戦で同じように敗戦国になったドイツである。アジアで敗戦国になった日本と、ヨーロッパで敗戦国になったドイツは似ているところが多いといわれるが、実際、終戦後しばらくは、どちらの国でも株式所有者の比率がなかなか上がらなかった。ドイツ人も日本人も、ともに堅実を美徳とし、株投資をギャンブルだととらえて、あまり好まなかったとも考えられる。二つの国は、この段階までは非常によく似ていた。

ところがその後、ドイツ人は〈思考法〉を変えた。

将来の経済的発展に思いをいたせば、銀行にお金を預け、そのお金を銀行が企業に貸す〈間接投資〉ばかりでは限界がある。国民の一人ひとりが直接、自分の頭で考えて投資する〈直接投資〉も増やしたほうがいい。〈直接投資〉は、まず個人が株式を買うことだ。

そうした考えのもと、ドイツでは一九七〇年代から、個人による株投資を増やすための大胆な政策を次々と打ち出した。株の投資に、大幅な税優遇措置を設けるなどした。その結果、個人の投資が大きく増えたのである。

他方、日本では半世紀以上、何も手を打たれなかった。だから、いまでも株に投資する個人は少ない。

ヨーロッパの敗戦国と、アジアの敗戦国。ともに焼け野原から急速な復興を成し遂げ、経済先進国になったが、ドイツはいまでもヨーロッパ随一の経済国だ。一方の日本は、中国にアジアの経済大国の地位を奪われてしまった。二つの国の現在を分けたポイントの一つに、個人による株投資があったのである。

将来性のある企業に若い人たちが投資をすれば、企業は資金が集めやすくなるし、儲かったら株主に還元して配当を増やせばいい。そうすることで、また投資を集められる。国民は株投資にあたって企業動向などを勉強するから、経済的な常識が身につく。一人ひとりが資本主義社会における株投資の重要性を理解すれば、市場はさらに活性化する。ドイツには、国が積極的にそういう循環をつくろうとしてきた歴史があるのだ。

日本は、外国の真似事が好きなのに、どういうわけか株投資は真似をしなかった。なんとなく堅実に見える、昔ながらの貯蓄に頼りきりになってしまってきた。

海外の常識を心得た上で、それでもやはり日本的な価値観が好ましいと判断するのならまだいい。他国で成功した例を知らずに、なんとなく「株は危ない」と考えているのであれば、思考力が足りないように思われる。

『週刊ポスト』に反発した人たち

知的な関心事として、株投資のことを考える。これは悪いことでも、恥ずかしいことでもない。そういうことを、『週刊ポスト』（二〇一八年八月三日号）のインタビューを受けたときにしゃべった。高齢者は株投資をやったらいい。こんなに面白いぞ、と。

驚いたことに、雑誌の発売後、知り合いからたくさん連絡をもらった。しかも、みんな口を揃えて、「なんであんな恥ずかしいことをペラペラとしゃべったりするんだ」と叱ってくるのだ。「他人に探り当てられてしまったのならまだしも、自分から株を買ったなんて話をする気が知れない」というのである。

改めて思い返してみても、真面目で常識的な知り合いほど、記事にショックを受けているように見えた。六十年もの長きにわたって、学校の教壇で浮き世離れした話ばかりしていた教師が、実はずっと株を買っていたことに衝撃を受けていたようである。

知的な仕事をしている人間は、ギャンブルのような卑しいことに手を出してはいけない――そんな〈常識〉に縛られている人ばかりである。

大学で教えた学生たちなどは、面と向かうと遠慮してか、「記事の内容に驚きました」といった言い方をしていたが、ショックを受けた様子は明らかで、私の発言はとんでもない暴言と受け止められたのだろう。

高等教育をきちんと受けた知識人ほど、「株はよくないものだ」と思いたがる。この傾向は明らかで、なかには心の中で株を買ってもいいかなと思っている人間もいそうだが、今さら株に手を出すのは、自分の負けを認めることだと思ってか、口をつぐんで何もいわない。

どうも、私の周りもまだ、頭の古い人間が多いようだ。株投資イコール悪だと決めつけてしまっている人が多い。

本気で老後の生活やお金のことを考えれば、新しい仕事を見つけることと同様に、株がその選択肢の一つに入ってくるはずである。株を買うのはオレオレ詐欺で騙し取られるより、よっぽどマシである。

定年後に新しいビジネスを立ち上げても失敗するかもしれないし、趣味でお金を稼ごうとしてうまくいかないことが多いだろう。株投資も損をするリスクはある。失敗するかもしれないから、工夫も生まれるのだ。株だけを悪と決めつける理由はないはずだ。

そういうわけで、週刊誌のインタビューは私の周りでは大変、不評だったが、この際、あえて、高齢者が「株投資」をやってみることの意味について、書いておきたい。

上がったり下がったりの株価

寿命が延びて長くなった「定年後」を経済的に自立して過ごす自信はないが、もしダメでも年金や後期高齢者医療制度などの社会保障の恩恵を受けて生きていけるだろう。そんなふうに期待している人たちは、本当の意味での〈エコノミック・アニマル〉からはかけ離れている。

単に日々、きちんと働くという意味では日本人はたしかに真面目かもしれないが、人生の最後まで、経済的に自立した生活を送ることへの覚悟については、はなはだ心許ない。どうしたら、自立した人生を送れるかを考えれば、株投資は案外、悪くない選択肢だということがわかる。

リスクはあるので、前提となる知識がなければ、大損するだけの悲劇も起きかねない。あらかじめ勉強は必須である。

だからこそ、高齢者に向いているともいえるかもしれない。

大切なのは証券会社に相談したり、その言いなりになったりしないこと。どうしたら損が少なくなり、利益が多くなるか、自分で考えることだ。時には少し失敗して損をすることもある。また時には儲けが出る。これを繰り返していくうちに、買い方、売り方の勘が身についてくる。人によっては、サラリーマン時代の仕事よりも難しいと感じるかもしれない。

定年後にこれまでとは違う新しい仕事に挑戦するのと同様に、生活には刺激が生まれる。株投資を始めると、緊張感のある毎日が送れる。

当然のことながら株価は日々、刻々と上下する。

自分の買った株が上がっているのか、下がっているのかは誰だって気になるものだ。どのくらい値上がりしたのか、あるいは値下がりしたのかをチェックするだけでも、張り合いがある。リスクがあるからこそ、真剣になるし、集中力も高まる。ボケている暇などなくなる。

私自身、株で「損をする」ことが、認知症を防ぐいちばんの薬になると考えている。二

〜三回でも多少の損をすれば、悔しくて夜も眠れなくなり、頭がピーンと元気になってくる。そのショックを乗り越えて、成功することで、たくましい精神を手に入れられるかもしれない。お金を銀行に預けっぱなしにしているだけでは、絶対に得ることのできない経験だ。

実際、株投資は、投資先を分散しておけば、赤字の銘柄が出ても致命的なことにはならない。逆にいえば、どんなにうまくやってもいくつかは失敗するのが出てくる。定年を迎えた人たちも、その小さな失敗をうまく活力に変えることができれば、より健全で健康的、かつ積極的な生き方ができるようになるのではないか。

頭を使う仕事

歳をとれば、身体の健康も頭のはたらきも、少しずつ落ちていく。今まで通りの生活を続けているだけでは、その衰えを食い止めることは難しい。

そこで、株投資という新しい世界に踏み出すのである。損をして刺激を受ければ、気持ちは若返るだろう。自分がこの世に存在している自覚が生まれる。ぼんやり過ごす日常から抜け出し、忙しく生きるようになる。

会社を辞めたことで失った社会とのつながりを取り戻すこともできるという意味では、新しく仕事を始めるのに近い効果が得られる。

定年退職をした後に、新しい仕事を探す意味については前の章までで書いたが、いずれ体力的に続けるのが難しい時期がやってくるかもしれない。

そういうときに、株投資を新しい仕事ととらえることもできるかもしれない。体力はいらない。足がうまく動かなくても、株を買うことはできる。

その意味では、かなり高齢者がやりやすい仕事と見ることができる。


たしかに、株投資がギャンブルの一種であることは否定できない。

ただ、非常に面白くて、うまくやれば競馬・競輪といったギャンブルに比べても確率は悪くないと思う。やり方を間違えなければ、日々のエネルギーの源になる。

いまは殊に、道徳的な観点から、とにかく働かないで金を得るなどということはよくないことであると決めつけている。お寺の僧侶の説教でも、武士の心得でも、博打みたいなものをやっているのはとんでもない人間だという価値観だったし、それが現代でも生き続けている。

ただ、国の経済という観点でも、お金を一つの場所にとどまらせないために、ギャンブルも大切である。

だから、国や自治体が管理する公営ギャンブルというものが存在する。さらに日本では今、カジノをつくろうとしている。とはいえ、反社会的勢力を排除するだとか、依存症の対策など、開設するまでに課題も多そうだ。

その点、株投資はギャンブルとしての面白さに加え、情報を集めたり、頭を使って自分で考えたりする必要がある。反社会性も比較的少ないということを踏まえると、広く普及させる方策を練ってもいいのではないかと思える。

大切な「配当」

一方で、株投資のリターンを老後の備えとして考えるときに、忘れてはいけないのが「配当」だ。

銀行預金だと、いまはどんなに長期間預けても金利はゼロだが、株投資は配当金を受け取ることができる。

もちろん最初からそれを目指すのは難しいが、ある程度経験を積んでからは、配当で生活を成り立たせることを目標にしてもいい。買った株をベストな時期に売って、利益を確定させようとしても、なかなかタイミングが難しい。その点、配当は基本的に保有していれば自動的に入ってくる。配当利回りが二〜三パーセントの企業は珍しくない。

一昔前に比べれば、日本の企業もだいぶ配当を出すようになった。かなり株主を重視するようになった証だ。ただ、それでも気になる点は残る。日本では、株主総会などで経営陣が株主に対して話すときに「当社は……」という一人称を使っている。アメリカなどでは、同じ場面で〝your company（あなたの会社）〟という言い方をする。会社は株主のものという考えが根付いているからだ。資本主義国家であれば当然である。その点、日本企業はまだ少し遅れているように見える。

日本では、株主に対する姿勢は企業によってかなり違っているので、投資する銘柄を選ぶ際には、安定して高配当の株を探すことも重要だ。実は、配当には企業の性格や思想が色濃く反映していると思う。

たとえば、新日鐵系の株には手を出したくない。その理由は、新日鐵の前身が官業の製鉄所で、そのお役人精神が引き継がれているように見えるからだ。

お役人は、株主を大切にしない。配当利回りへの対応にも表れていて、ちょっとしたことで配当を下げたりする。

こういう企業はあまり信用できない。配当が大きく上下動してしまうと、老後の暮らしを支えるための収入の計算も成り立たなくなってしまう。

値上がりで儲けることだけが、株投資のメリットではない。配当利回りの安定した株を押さえる。そうすれば、年金だけを頼りに過ごすより、しっかりした生活ができる。

自分で銘柄を選んで損得を出す面白みと、安定した配当収入を組み合わせる。精神的にも、経済的にも安定した老後を歩む一助となるのではないか。

株を買うのも「社会貢献」

株投資の効用は、収入増による「生活の安定」にとどまらない。何歳になっても実践できる「社会貢献」という側面もある。その点についても、定年後に新しい仕事を見つけるといった活動と比べて決して劣るわけではない。

税金を払うのは嫌だけど、社会保障は充実させてほしい。そんなような虫のいい要求をする人ばかりになったら、国家は潰れてしまう。

その点、株投資によって一人ひとりが優秀な企業をサポートし、その会社が利益を上げていけば、儲けを出した企業が法人税を負担して、国の税収も増える。株投資は、社会全体にとってプラスの意味を持っている。

銀行預金と違って、株投資では損失が出ることがある。しかし、たとえ多少の損が出ても、株を買うという行為は、預金を貯め込むことと違って社会貢献になるのである。その意識が広がれば、日本の経済が発展する余地は大きいと思う。

電機メーカー大手の東芝は、粉飾決算が発覚して経営危機に陥った。東芝の経営陣に大きな問題があったのは間違いない事実だが、現場には世界最高峰の技術もあった。本来なら、日本社会全体の財産である東芝の技術をどう守るか、みんなで考える必要があったのだと思う。

東芝を生き返らせるには、日本人が東芝の株を買うしかなかった。しかし、現実には株を買って支えようと考える人がいなかったから、稼ぎ頭だった半導体事業をはじめ、有望な部門はどんどん海外に買われてしまった。国としては、大きな損失である。

個人が銀行にお金を預け、銀行が企業に融資するという〈間接投資〉ではなく、一人ひとりが投資先を選んで企業の株を買う〈直接投資〉が増えれば、日本経済の先行きについての問題意識は、間違いなく高まる。国家としての未来を真剣に考える人が増えるということだ。

つまり、堅実な株投資は〈愛国的な行為〉なのである。

本当は、高等学校の社会科の授業あたりで、そういった株投資の社会的意義を教えるべきだと思うが、そもそも学校の教師たちの理解がいつまでたっても深まらない。

そうこうしているうちに、将来有望な日本の企業が、とても安い値段で海外に買われている。少し前には、東京大学ＯＢの立ち上げたロボット開発のベンチャー企業が米国の企業に買収されたこともあった。日本国内では十分な資金が集まらないから、リスクを取って投資する米国の企業やファンドに買われていく。そうやって外国に買い叩かれていることへの危機感が、なかなか広まらないことが問題だ。資本主義の国としては、遅れているのである。


サラリーマンの間は給料が入ってくる。定年後は年金で生きていける。そんな前提があって、株投資の効用が理解されなかった。最近になって、どうやら年金制度を今のまま維持するのが難しそうだという話が出てくると、中高年世代は急にケチになってお金を使わなくなった。モノを買わないで消費が停滞するから、国の経済が伸び悩む。

馬鹿げた話ではないだろうか。

株投資で国の経済を支える企業を支援し、個人としても正当に利益をあげて、欲しいものを買う。それによって経済が回り、社会全体がさらに豊かになる。元気よく歳をとる高齢者が増えれば、医療費も削減されるし、世の中が明るくなる。個人投資家に支えられて株価が上がった企業は、新しく設備投資するなど、経営の選択肢が広がり、さらなる成長につなげていくことができる。

株投資からは、そんなサイクルが生まれる。タンス預金にして眠らせておくより、どれだけ有意義な使い道かわからない。

「つぼみ」が咲くのを待つ

何も、闇雲にリスクを取れといっているのではない。同じ投資でも不動産投資などは、元手が大きくなくてはならないし、長年の経験があってもうまくいかない場合があるから、難しい。その点、うまく考えてやれば株投資のリスクコントロールはそれほど難しくない。

日本では、月給のようなかたちでもらう勤労所得は「よいお金」で、投資などで得た不労所得は「あまりよくないお金」という考え方が支配的のようだ。

しかし、成長性が見込める企業を探して、そこにお金を投じていく社会貢献だと考えれば、株投資を「品がよくない」こととととらえるのが誤りであることは明らかだ。もちろん、急な値上がりや短い期間で大金を手にするための売買を想定してはいけない。長い目で見て、社会の役に立ちそうな企業を選んで投資していく。いま流行りの銘柄を追いかけるわけではないから、時代を先取りするものが何かを考えるための情報収集や社会勉強も欠かせなくなる。

さらに、投資した企業が成長するかを見定めたいと思うことが、長生きのモチベーションにもつながる。

最近になって、私はドローンが面白いと思っている。社会を大きく変える存在になるのではないかと期待しているのだ。

将来的には、宅配の仕事の大部分はドローンに置き換えられることになるのだろう。ドローンでビジネスを展開する企業が出てくれば、株を買ってみたいとも思っている。ただ、ドローンが配達のために街中を飛び回る社会が、すぐにやってくるわけではない。やはり、十年くらいはかかるのではないか。そうなると、「少なくともあと十年は生きて、自分が投資した企業が成長し、予想した通りの未来がやってくるか、この目で見届けたい」という気持ちが出てくる。

年寄りたちが、「もう十分に生きたから、いつ死んでもいい」などといっていられなくなる。

長期的視座で株を買う場合、投資先の企業は、いわば花の〈つぼみ〉である。大輪の花を咲かせる姿を見る前に、死ぬわけにはいかない。そんなふうに思えることも、株投資の魅力の一つだ。

もちろん、十年先にどの企業が成長を遂げているか、正確に見通すことなど誰もできない。十年前に、東芝やシャープといった日本を代表する電機メーカーが相次いで経営危機に陥ることを予見していた人などいない。むしろ安定して成長を続ける銘柄として推奨されていたはずだ。大地震の発生とその後の事故によって株価が急落した東京電力についても同じことがいえる。

将来、確実に値上がりすることが保証された銘柄など存在しない。だから、この本でも個別の企業や業界について、「値上がりするから買ったほうがいい」などといった類の話は書いていない。

ただ、損をする銘柄がいくつかあったとしても、株投資を前向きにとらえる人が増えれば、結果として国の経済が上向いていくことにつながる。個人が保有する一千兆円近い現預金のうち、二割か三割が株式市場に回るだけでも、株価は見たこともないペースで上がっていくはずだ。そうした「社会貢献としての株投資」の意義が広く理解されるようになって初めて、日本人は本当の意味で〈エコノミック・アニマル〉になったといえるだろう。長い人生が楽しく、面白いものになるのだから、〈エコノミック・アニマル〉も悪くないと思う。

長期投資が社会に根付いていけば、投資先が成長する期待に胸を膨らませる高齢者の生きる気力となる。結果として日本人の健康寿命はもっと延びるのではないか。そんなふうにも思っている。

第六章
私の体験について

初めて買った「四つの銘柄」

定年後の人は株投資を楽しむのもいい。そう思うのは、私自身が若いとき株投資をしたからである。

私が株を買い始めたのは、今から六十五年前、三十歳になった頃のこと。先々のことを考えたら、なにがしかの蓄えが必要になる。インフレに負けない貯蓄としては株がいいと考えた。

そのとき、銀行口座にあった預金残高は十一万円くらい。それを全部おろして、買えるだけの株を買おうと、証券会社の窓口に行った。

ただ、一つの銘柄だけ買うのは堅実さに欠けると思ったので、四つの銘柄に分散投資をした。

その頃はまだ、売買の単位も小さかったから、十万円ちょっとのお金で、四銘柄、二百株ずつを買うことができた。

初めて買った株のことは今でもよく覚えている。

○キリンビール
○東京製綱
○旭硝子（現・ＡＧＣ）
○日本光学（現・ニコン）

この四つは、いずれも当時の有望銘柄だった。

父親が信用取引に手を出して失敗し、亡くなったときにはほとんど資産が残っていないのを見ていたから、リスクの大きい取引には手を出さず、一度買ったら長期保有を基本にしようと考えたのである。

最初に買った四銘柄は、いずれも数年は持ち続けて、すべて相応の利益が出た。とくにキリンビールについては、ごく最近まで持ち続けていた。

初めて株を買った頃と前後して、日産のブルーバードやサニーといった自動車が大変な人気となっていた。

私の周りでも車を買い出す人が増えたが、値段はたしか三十万円くらいはしていたと思う。サラリーマンの月給は一万円とか一万五千円という時代であったから、二年分の年収を注ぎ込まないと買えなかった。それでも、無理してローンを組んで購入する人がたくさんいた。

しかし、私は「ローンで車なんか買ったりしては、まずいんじゃないか」と考えていた。買った車を仕事で使うならまだしも、近場を走り回って、自慢するために買うんじゃや、何にもならない。

ただ、車という商品には興味をひかれた。

これから、社会にとって非常に重要なものになるだろうとも考えた。そこで、お金を持っている知り合いたちがサニーを買って自慢していたときに、私は車ではなく、その製造元の日産の株を買おうと考えたのだった。

その頃に買った株は、長期保有することで大きな利益が出た。なにせ高度成長で大変なインフレが進行していた時代である。企業は増資を繰り返した。当時一般的だったのは、新規の発行分を額面価格から二十％ぐらい引いて、割り当てる株主割当増資だった。既存の株主は、額面五十円の株を四十円で手に入れることができた。

この時期は、よほどいけない株の一点買いでもしない限り、「株で損をする」ということは、難しかった。

以後、六十年以上にわたって、株投資を続けてきた。一時は百を超すほどまで銘柄を増やしたこともあった。最近ではずっと減らした。

私の投資歴のなかで出した成果の大半は、インフレに助けられたものだ。昭和二十〜三十年代の当時は、十年で十倍になる株は決して珍しくなかった。私自身は購入しなかったが、株を始めた頃のトヨタの株価が四十円くらいだったのを覚えている。あの頃に買って、いまに至るまで持ち続けていれば……。

三分法

個別の銘柄でみれば失敗はいくつもあった。つぶれてしまった会社が何社もある。覚えていたくないから、忘れてしまった。

人間の記憶は都合よく出来ているもので、初めて買って儲けが出た銘柄は忘れようとしても忘れられないのに、損した銘柄は思い出そうとしても出てこない。

嫌な記憶として覚えているのは、セーラー万年筆だろうか。パイロットと互角とまではいわないが、とても質の良い万年筆を製造していたが、この会社の株では儲けが出ずに丸々損をしてしまった。他にも、個別の企業名まで覚えていないが、文房具や家庭用品を製造する企業の株で、うまくいかないことが多かった。

電機メーカーの株でも、ずいぶん悩まされた。

テレビやラジオ、洗濯機などは、いっとき世界市場でも日本企業の独壇場だった。企業の調子がよく見える時期があると、ピークを過ぎて値下がりしていても、また上がるだろうと思って、なかなか手放せない。私もそれで大きな損を出したことがあった。

これまでに株をやってきた人も、その多くは電機メーカーで一度は痛い目を見ているのではないだろうか。最近でいえば、東芝やシャープがいい例である。これらの凋落の原因ははっきりしている。自社の業績が右肩上がりのときに、彼らは将来の稼ぎのために必要な手を打たなかった。


いいと思っていた企業、業種がピークを過ぎて業績が上向かない。そういうことが起きる。問題は簡単ではない。比べてみると、高度成長期の株投資というのはたいへん楽で、とにかく株を買いさえすれば、儲けが出た。

しかし、今は〈低成長の時代〉になったから、考え方を変えなくてはいけない。

この時代に有効な方針とは、どのようなものか。

一つは、なるべく保守的で安定した会社を探すことだろう。そして、いったん買ったら最低でも数年間は保有し、すぐには売らないようにする。最初のうちは、買った値段の三割くらいまでは、含み損が出る銘柄があってもしょうがないと覚悟することも必要だろう。一度も損をしないで儲けを出す人なんていないのだ。

数年間、保有して利益が出たら、その利益は次の優良銘柄を購入するのに充てるのがいい。この手順を守りながら、配当も含めて、毎年一割ずつ資産を増やしていくことを目指してみる。初めての投資体験であれば、途中で損も出るだろうが、それほど難しい目標ではない。

もちろん、いつも不確定要素はある。

ギャンブルだからこそ、緊張する。自分が保有する株が値上がりすれば気持ちよくなり、下がれば嫌になる。

この一喜一憂の刺激が、日々の暮らしに活力を与える。

何代か前の総理大臣が「株価に一喜一憂しないほうがいい」といっていたが、そんな馬鹿な話はない。損をして喜ぶ人間などいるはずがなかろう。一喜一憂するから、株投資は面白いのだ。

その刺激を長く楽しむために大事なのは、株投資に資産をつぎ込みすぎないことだ。適切な範囲に収めておけば、多少の損が出てもあわてなくて済む。

具体的にいえば、持ち金の三分の一までは株に投じてもいい。あとは生活で使うお金が三分の一、その残りの三分の一は、万が一のお金としてとっておくのが基本である。この「財産三分法」によって、たいていの場合、最悪の事態は回避できる。

できれば、購入する株の銘柄についても三つ以上に分散しておきたい。たとえ、どんなに好調そうな会社を見つけても、その一銘柄に集中させるのは避けたほうがいい。

投資先を三つの銘柄に分けておけば、悪くても「一つ成功して、二つが失敗」、うまくいけば「二つ成功して、一つが失敗」となるだろう。この心がけで長く続けていれば、よほどのことが起きない限り、トントンにはなるだろう。

あとは前の章でもいったように、〈売却益〉だけにこだわるのではなく、きちんと〈配当〉をチェックすることだ。

いまこの低成長下の市場でも、株の配当は銀行の金利よりははるかに高い。配当に熱心な企業では四～五パーセントの配当利回りのところもある。

証券会社に相談してはいけない

ただ、株投資を始めようにも、素人にはどうやって銘柄を選べばいいのかわからない。どうしても知識が足りない。

そうなるとつい、プロの手を借りようと証券会社に相談してしまうが、はっきりいって、これは面白くない。

たしかに証券会社は株式のプロだが、彼らが専門にしているのは〈証券会社が儲けること〉であって、〈客を儲けさせること〉ではない。結局、証券会社は信用取引で利益を上げているので、すこし付き合いが長くなると、信用取引を勧めてくるかもしれない。

信用取引はプロでもなかなか成功しない。何より、一時的に借金をして、それを元手に投資する仕組みの信用取引は、先に書いた〈三分割のルール〉にも反している。もし、信用取引で儲け続ける才覚があるのなら、すべてを自分でするほうがいい。

素人は、業績が安定し、しっかりした配当を出す企業を見つけていくしかない。それはつまり、きちんとした考えの経営者がいる企業ということになるのだが、探すのはなかなか骨の折れることだ。素人には難しい。

これはアマチュアが株を買うときの一番の弱点といっていいのだが、その会社の社長をはじめとした経営陣がどういった人たちで、どういう考えを持っているのかが、なかなかわからない。長期的に保有する上で、もっとも大事な観点のはずだが、経営者の真の人物像など、どこにも書いてはいない。

それゆえに、会社の名前にだけ注目して、有名な企業、自分でも名前を知っている会社の株を買いがちだが、企業の知名度と業績の安定性の関連はなかなかわからない。


一つは、直接会社に行ってみることだ。社長に会って話を聞けるわけではないが、なけなしのお金で株を買うのだから、その会社がどんな雰囲気の会社であるかぐらいは実感しておいたほうがいい。何より、自分の目で見て考えて、納得した上で買うことができれば最高である。

すでに定年を迎え、日々の仕事に追われることのなくなった人は、その時間的余裕を活かせる。

お寺にお参りするようなつもりで会社に行って、いろいろ聞いてみることで、新たな発見があるかもしれない。「株を買おうと思っていて見学に来た」という人に対して、どんな扱いをするかで、その会社の株主に対する姿勢の一端が見えるかもしれない。

「儲けよう」と思うのをやめてみる

何十年も株投資を続けていると、「これは良さそうだ」とか「これは危ないんじゃないか」というレベルまで直感が研ぎ澄まされてくるかもしれない。こうなると、大変愉快になる。

さらに、〈あまり儲けなくてもいいや〉と考えるところまでいくと、面白くなる。六十年以上も株投資を続けている人間として、もうそんな気持ちになっている。

なんとかして儲けようと焦っている間は、損が出ると気分が悪くなる。それが、大きな赤字じゃ困るが、「トントンでいい」と感じられる境地にたどり着けば、新しい別の世界が開けてくる。

なにか禅問答のようになってしまうが「儲けよう、儲けよう」と思うから、結果的に損が多くなる。あんまり考えこまずに買うのでも、十分に面白い。持ち金が大幅に減らなければいいや、配当で得られる金だけで十分だ。さらに面白いのは、そういう心境に達すると、結果的に、大きな儲けが出ていたりもするのだ。

儲けようと考えない境地とは、言い換えれば少し株価が上がってもすぐには利益を確定しないということ。やはり長期保有である。

定年後に新しいビジネスを始めるときも、あくまで社会貢献や第二の人生の生きがいを主眼として、大きな儲けを出して事業を拡大させようなどとは考えないほうがいいと書いた。同じようなことは、株投資にもいえると思う。

この「儲けようと考えない投資」を体現していたように見えるのが、ソニーに投資した野村胡堂（作家）の逸話である。

井深大がソニーの前身、東京通信工業を設立したとき、株を買ってくれたのは、生涯の相棒となる盛田昭夫の実家だけだった。そこで井深は、旧知の野村を訪ね、株を買ってくれるように頼んだという。

だが、当時の井深は無名の技術者で、東京通信工業が成功するかどうかなど、誰ひとりとしてわからなかった。それでも、野村胡堂は井深が好きだったのであろう。お金を出してくれた。

すると東京通信工業はテープレコーダーやトランジスタラジオの開発で大成功を収め、世界の「ＳＯＮＹ」へと成長。次々と増資を繰り返して大きくなっていった。それでも、野村は株を手放さず、すべての増資の株主割り当て分を購入した。井深によれば、野村は「寄贈するつもりで株を持つ」といっていたらしい。

その後、野村は死ぬ直前にソニー株を売って、売却益の1億円で野村学芸財団を設立した。これはまさに株投資をやる者の理想の生涯だろう。私が求める長期保有の妙も、およそ、このエピソードに集約されている。

そもそも、私が株の長期保有に目を向けたのは、株で失敗した父親の姿を見ていたからだった。

私の父は株の配当などには目もくれず、値動きの激しい銘柄ばかりに信用取引でお金をつぎ込んで、短期間での値上がりを期待していた。

結果、父が亡くなったときに家屋敷を除いて、私が相続できるような遺産はなかった。相続対策に熱心な人たちからすれば信じられないかもしれないが、私にとっては、その「反面教師」としての父の存在こそ、父の残した一番の財産だった。

だからこそ、私は配当を重視し、東京海上や中部電力、ＮＴＴといった配当のしっかりした株をいまも保有しているのである。

仲間を探す

株についても、新ビジネスを考えたりするときと同様に、クラブ的な雑談のできる仲間があるといい。

勉強会はもちろん、最初から最後まで真面目に投資の話ばかりする必要はなくて、軽く一杯やりながらだっていいが、たまに思い出したように集まってやるくらいではダメ。最低でも半年で十回とか十五回とか開く必要があると思う。その間に、経済への関心も高まるし、知識も増えていく。

単に政治・経済ニュースについて、おしゃべりするだけでもいい。仲間のなかには、株投資に興味のない人たちが何人か含まれていても構わない。

経済常識を養うために必要なのは〈思考力〉である。多くの情報は、どこかしらで株投資につながっている。

たとえ、新聞の社会面の小さな記事でも、株投資を始めようとすると、それまでとは違った意味を持つようになるだろう。

前の章で、ドローンが新しい成長産業になるのではないかと考えて、注目しているということを書いた。そう考えるに至るまでのヒントは、実は新聞にたくさん載っていた。

もちろん、新聞をいくら読んでも、「ドローンの将来性」などという見出しの記事はない。ただし、「ドローンの使用を規制する法律」についての記事ならいくつもある。多くの人がドローンを飛ばそうとして、その使い方が滅茶苦茶だから、政府が規制に乗り出した——そんな内容の記事だ。注意深く読んでいると、新たな規制が必要になるほどたくさんの人が使いたがっているのだから、便利で将来性があるものかもしれない……と発想が広がる。

経済面の記事だけでなく、社会面の小さな記事でも、株投資に興味を持ちながら読むと、全く違った見え方になる。そうやって情報を求めるには、テレビやラジオよりも、やはり活字のほうがいい。

自然と社会勉強に励むことにつながる。こうした意識の変化も、銀行に預金しているだけでは得られない。

そうやって自分のなかで考え巡らせた上で、仲間と議論してみる。やってみるとわかるのは、簡単に答えは出ない問いだらけになる。

少し前のことだが、サイバーダインという企業が話題になったことを覚えているだろうか。茨城県のつくば市に本社を構える同社は、身体機能を拡張するサイボーグ型ロボットを開発し、二〇一四年三月に上場した。

サイボーグ型ロボットという未来的な言葉が人々の興味を惹いたのか、多くの個人投資家まで巻き込むかたちで、同社の株価はたちまち高騰した。上場した初日の終値は九六〇円だったのが、二年後には二六二九円をつけるなど、三倍近くまで値上がりした。

ごく初期の頃に買いを入れて、二年後のタイミングで株を売却した人であれば、大きな儲けを出せたと思う。ただ、現実はそうはうまくはいかない。

二〇一六年に高値をつけたあと、この会社の株価は伸び悩み、二〇一八年には一〇〇〇円を割ってしまった。世間で値上がりが話題になってから手を出した人たちや、儲けが出たことに気をよくして高値のときに買い増ししてしまった人は、大きな損を出すことになったのである。

もちろん、そのまま上がり続けるケースもあるから、なかなか難しい。ただ、こうした新興の企業が投資先として妥当かについて、仲間と一緒に議論してみる。そうすることで色んな意見が出てくる。

ロボットという言葉が持つ未来的なイメージだけを理由に手を出してしまっていいのか、身体機能を拡張するサイボーグ型ロボットにどれだけの市場価値があるのか——そういったことを仲間同士で、ああでもない、こうでもないと、おしゃべりをするのだ。自分のお金が絡んでくるとなれば、みんな議論にも熱が入る。なにより、知的なおしゃべりとして楽しいものになる。

意見はバラバラで構わない。むしろ白か黒かはっきりしないことだから、議論が盛り上がることになる。

「介護や災害の現場で使えるロボットなら、将来的に需要が広がるんじゃないのか」という考えもあれば、「研究開発に費用がかかりすぎることはないだろうか」といった疑問もあっていい。白か黒かはっきりしない、灰色の状態であることを認識したうえで、自分は白にするのか、黒にするのかを決めていく。

自分一人だけ、他の人たちと違う意見を持っていても構わない。その後に情勢をしばらく眺めて、「みんなの主張していることのほうが正しかった」と学ぶことも大切だ。

定期的に勉強会を開いていると、どんなときに自分が失敗するのかといった傾向も見えてくる。非常に高度な勉強だと思う。

自分の判断に間違いが多いようであれば、実際にお金を出して株を買い始めるまでに、もう少し我慢して勉強を重ねるのが賢明だろう。

新聞の読み方

仲間との議論を一定の期間続けたら、実際に株を買い始める前にやっておきたいことがある。ここで、お金は必要ない。使うのは新聞だけだ。

まずは新聞を開き、株価欄をチェックする。

気になる会社をいくつか選ぶ。できれば、自分が株を買うために用意できる元手の額を決めた上で、銘柄をいくつか選択する。

そうして選んだ株を「買ったつもり」になってシミュレーションを始めるのである。

このトレーニングを続ける秘訣は、最初から毎日の株価欄をチェックしないことだ。始めからそうすると、疲れて嫌になるし、うっかり忘れたときに、気持ちが途切れてしまう。だから慣れないうちは週に一度、自分で決めた日に見る程度から始めるのがいいだろう。

それで、少し慣れてきたら、グラフを作る。自分で選んだ銘柄が、どんな線を描いて上がっているのか、あるいは下がっているか。グラフにすると、全体像が可視化されるので、動きがはっきりする。

その上で、さらに慣れてきたら、株価を毎日チェックする。このあたりに差し掛かると、むしろ新聞が届くのが楽しみになって、紙面を開いたらまず株価欄を見るようになっているかもしれない。

そんなことを半年くらい続けたところで、損得をはっきりさせてみる。儲かっているのか、損をしていたのかを確かめるのだ。

実際に、お金を投じて株を買うのは、このシミュレーションがうまくいってからにしたほうがいい。

暇があって退屈している人には、案外、こういうことが面白く感じられる。毎日眺めているだけでも、ちょっとした仕事をしているような気分になってくる。ゲーム的な要素もあるから、楽しく続けられるのではないか。

こうして、ある程度、自信がついたところで、少しくらい損をしてもいいという覚悟で実際に株を買ってみる。最初のうちは、新しく保有銘柄を増やすときも、まずはシミュレーションから入るようにするといい。繰り返しているうちに少しずつ目が肥えてくる。熟達するまでに何年か、かかるかもしれないが、勘が養われれば、株投資は死ぬまで楽しめることになる。

このように、同じ新聞を読むという行為であっても、株投資に興味を持つとその意味は大きく変わってくる。無味乾燥に思われた文字や数字の羅列が、次第に面白いものに変わってくる。

この株価欄については、新聞の独壇場である。テレビであれだけの数の株価を紹介するのは不可能だし、インターネットでも一覧はできない。株投資をする人が増えれば、新聞は自然と購読量が増えるはずだから、もっと熱心になってもよさそうなものだが……。

いずれにしても、シミュレーションを重ねて自分の感覚を鋭くする期間を設けることは大切だ。

さらにその上で、最初はあまり多額のお金を投じない。最近は、少ない額での投資について税制上、優遇するＮＩＳＡ（少額投資非課税制度）のようなものもある。額が少なすぎると面白みがないから、私はＮＩＳＡについて必ずしも肯定的ではないが、初心者が始める際に利用するのであれば、役に立つ。

株主優待よりも配当

短期の値上がりではなく、長期保有を前提にするのが望ましいと思う。

本当は、短期間の売買で利益を出そうとする人たちが駆逐されて、すべての株主が長期投資を主軸に据えるようになってほしい。株投資の「穏やかなギャンブル性」が残り、非常によい投資環境が生まれるだろう。

今はまだ、目先の利益を追う株主が多く、ギャンブルに熱心な人たちが、会社の長期的な価値とはかけ離れた売買を繰り返している。ゆえに株投資で大きく損をするリスクも排除はできない。優良な会社の株を長く持ち続ける人が増えれば、株価の極端な変動も抑えられる。

そういう投資環境が生まれれば、配当で銀行預金などよりも大きい利益を得られる。ことにいまは、銀行預金の利息はないも同然。

本来、購入する銘柄を選んでいく際に、外してはいけないポイントがある。配当利回りである。ところが、売買で利益を出そうという考えが先行する結果、ここを見逃しがちである。

配当利回りの数字の変遷は『会社四季報』などですぐに調べられるし、二パーセントから三パーセント程度の利回りを約束している企業は決して少なくない。

配当をベースに考えることが、株投資を貯蓄として考えることにもつながる。株投資をポジティブにとらえるための基本にもなる。

日本ではどういうわけか、株投資のもつ投機性ばかりが強調され、道徳的な意味で、株取引が否定的にみられるようになった。

しかし、資本主義の根幹は、民間企業が市場からお金を集める株式にあるはずである。それなのに株投資を恥じたり、嫌がったりするのはおかしい。このままでは、いつまでたっても、日本の経済は成熟しないであろう。

一人ひとりが自分の好きな会社を直接支えることは、意味のある経済活動であり、極めて重要だ。

その意味では、最近、金融機関が勧めることの多い投資信託という金融商品については、あまり面白みがないと思っている。

損するリスクを取る投資という意味では、個別の株を買うのと同じだが、自分が選んだ企業を直接支えているわけではない。実際に資金を投じる銘柄を選んでいるのは、投資信託の運用会社だ。面白みは小さいし、株式市場に資金を投じることが社会貢献であるという理解を広げる助けにもなりづらい。

個別の企業への直接的な投資を増やすために、日本企業はもっと配当を上げたほうがいい。ただ、現状は配当よりも株主優待を充実することに力を注いでしまっているように見える。

自分の資金で直接、企業を支えることの意味がわかっている人は、株主優待や株主総会のお土産がいくら充実していても、決して喜ばないだろう。

そんなお金を使うくらいなら内部留保に回し、そのお金で新しい事業を大きくして利益を上げ、配当を増やすかたちで株主に還元してほしい。

どうも、建設関係の企業では、株主優待として熱心でお米などを送る会社が多いように思う。受け取り方は人それぞれ違うかもしれないが、株主として軽く見られているようにも感じられる。


株主優待に力を入れていると評判の会社の株は、毎年、優待の権利確定日の前になると値上がりする。そして、その時期を過ぎると値が戻る。

評価されているのは企業の理念や姿勢、ビジネスモデルではなく、優待の物品であるということがよくわかる。優待目当てで株を買うこともまた、長期保有とは相容れない考え方だととらえることもできる。

女性の投資家はとくに、「おまけ」が好きな傾向が強いから、株主優待ばかりが注目されるのか。

かつては、株主優待を用意する上場企業は百にも満たなかったと思うが、いまでは一千社以上あるというから驚かされる。

それでも、優待よりも配当の推移を見て、長きにわたって持ち続けるのが本筋だ。

安定株

銘柄選びは難しい。

今後しばらくの間、銀行の金利が大幅に上向くことはないだろう。それに対して株であれば、長期的な成長が見込める優良銘柄は安定して利益を生み出し続ける。問題はそうした安定株を見つけられるかどうかだ。

かつて、その筆頭は公共株だった。

電力会社やガス会社、鉄道会社といった公共性の高い企業の株式のことである。とくに、しっかりした配当を出していた東京電力の株は〈財産株〉とまでいわれ、多くの人が資産として保有していた。

ところが東日本大震災とその後の原発事故によって、東京電力の世評と株価は地に落ち、東電のイメージ悪化を受けて中部電力や関西電力の株価まで下がってしまった。ただし、実際のところ、中電や関電の経営は安定している。長い目でみれば、電力会社はこれからも社会を支える企業活動を続けていくと思われる。だからこそ、いまが安値で購入できる時期だという考え方もできる。

他方、これまで安定株の一角を占めていた銀行については、立ち止まって考える必要があるかもしれない。

数年前までは、玄人《くろうと》でもここまで急激に変化するとは予測できていなかっただろう。ゼロ金利が続き、国内では収益の柱が見つからずに、支店の統廃合が相次いでいる。銀行員の仕事が、ＡＩに置き換えられるのではないかという話もある。

銀行は、ながらく若者の就職希望先のトップ集団で、もっとも難しい入社試験を課すといわれていた。

その人気の理由の一つは、安定して高い給与にあったと考えられる。しかし最近は、転職希望者が増えているという。若い行員たちが会社を去ろうとする理由は、会社の先行きはどうなるのか、といったことに不安を抱いているからである。

そうした状況を踏まえて考えれば、いずれ銀行は安定株ではなくなるかもしれない。東電における東日本大震災しかり、ビジネス環境の激変に揺らいでいる銀行しかり、かつての安定株にも、安泰はない。

新しい技術や製品が次々と登場して、世の中は激しく変わっていく。

世の中が新しくなれば、古い社会の構造のもとで安定していた企業が揺らぐ。投資をする側も、新しい銘柄に資金を移すことを考えなくてはならないかもしれない。そのためには常に勉強が欠かせないし、時代の変化を見定めていくことは、株投資の面白さの一つである。

いまのところ、安定株への投資に面白みを見出す人はなかなかいない。投資の世界に一攫千金を狙う人が多いからだろう。それゆえ、安定株が大きく値上がりすることもほとんどない。

数少ない例外は、市況が悪くなって多くの人が損を出したときである。そういうときは、確実な利益を求める投資家が安定株に資金を投じるようになり、大きく値上がりを期待することができる。

長期間保有し、その間に特別な努力をするわけでもなく、何もせずに放っておいただけなのに、大変に儲かることもある。極端な話、買ったことを忘れていたとしても、気が付いたら利益が出ていることもある。


そんなギャンブルは他にない。

競馬や競輪にしても、レースのあとすぐに結果が出てしまうが、株投資は違う。会社が潰れさえしない限り、株は持ち続けることができる。非常に安全で穏やかで、しかも知的で面白いギャンブルということができる。

定年後も楽しめる実益を兼ねた趣味の選択肢の一つとして、株投資を挙げたわけだが、ここではあえて、「この銘柄が買いだ」とか「この業界が伸びる」といったことは書かなかった。

正直にいって、わからないのだ。何年も何十年も読まれ続けるかもしれない本に、そんなことを書くわけにはいかない。どの株を買えば上がるのか、六十年以上、株投資を続けてきても、いまだにわからない。だからこそ、面白い。

株投資をやってみようと思う読者がいたら、ぜひ長期的な視座での「未来の安定株」探しを楽しんでもらいたい。

あとがき

サラリーマンの定年後は「余生」と表現されてきた。

定年は人生のゴールであり、決まった時間に会社へ通う日々が終わりを告げれば、残りの人生は余りものだと思われてきた。

しかし、人生百年といわれる当世である。六十代で定年退職したあとの時間は、余りものと呼ぶには長すぎる。足りると思っていた蓄えも底をついてしまうかもしれないし、ぼんやりと過ごすには長すぎる。

定年後のお金をどうするのか、生きがいをどこに見出すのか。

この二つは、切っても切れない関係にある。お金を稼ぐことは、社会に必要とされていることを意味する。少しでも社会に貢献できているという気持ちがあれば、生きる意味を感じられる。

毎日に面白さを感じ、かつ経済的にも潤う方法を探す。

結論は様々でいいと思う。

面白い仕事を見つける人もいれば、稼げる趣味に時間を割く人もいていい。世間的にはあまり好まれる選択ではないようだが、案外、株投資も悪くなさそうである。どの道を選んでも、成功ばかりというわけにはいかない。悔しい失敗が何度もあると思うが、失敗を繰り返しながら、自分で頭を使って考えることが面白いのだ。

どの仕事なら成功できるのか、どの株を買えば儲かるのか、この本にそうした結論は一切、触れなかった。

大事なのは一人ひとりが考えることで、安易なハウツーは、何の意味もないと思ったからである。

毎日を退屈に過ごしてばかりの老人が増えたら、この国は立ちゆかなくなる。

逆に、知的好奇心を失わず、人生を最後の最後まで面白がろうとする人が増えれば、世界でも類を見ない活気ある国になるだろう。

余生と呼ぶには長すぎる「人生の第二部」を目一杯、楽しむ。この本をきっかけ、ヒントにして、そのように考える人が増えれば、望外の幸せである。

二〇一八年十二月

外山滋比古

外山滋比古［とやま・しげひこ］

1923年、愛知県生まれ。お茶の水女子大学名誉教授。東京文理科大学英文科卒業。雑誌『英語青年』編集、東京教育大学助教授、お茶の水女子大学教授、昭和女子大学教授を経て、現在に至る。文学博士。英文学のみならず、思考、日本語論など様々な分野で創造的な仕事を続け、その存在は、「知の巨人」と称される。著書には、およそ30年にわたりベストセラーとして読み継がれている『思考の整理学』などがある。

編集：濱田顕司

お金の整理学

二〇一八年　一二月五日　初版第一刷発行
二〇一九年　一月二十一日　第二刷発行

著者　外山滋比古
発行人　飯田昌宏
発行所　株式会社小学館
〒一〇一-八〇〇一　東京都千代田区一ツ橋二ノ三ノ一
電話　編集：〇三-三二三〇-五九六一
販売：〇三-五二八一-三五五五
印刷・製本　中央精版印刷株式会社

Printed in Japan ISBN978-4-09-825337-1